Sanación Avanzada con Reiki

Mejore sus Habilidades de Sanación con Reiki, Activaciones de Símbolos, Sanación a Distancia, Reiki Angelical, Sanación con Cristales y Más

Tabla de Contenido

Introducción

En 1938, Madam Hawayo Takata llevó la práctica del Reiki a Occidente. Su viaje nos acercó un poco a uno de los campos más destacados de la sanación holística. Dado que está leyendo este libro, probablemente no sea la primera vez que escucha hablar del Reiki. Como mínimo, es posible que lo haya escuchado de alguien o se haya encontrado con él en Internet. O ha recibido su primera armonización y está en camino de comenzar su clase de Reiki de segundo nivel. Probablemente haya decidido leer todo lo que pueda para mejorar su conocimiento de Reiki como una forma de medicina alternativa.

Cualquiera que sea la etapa en la que se encuentre en su viaje, en este libro aprenderá la historia del Reiki, las reglas y qué esperar si hace del Reiki su campo de especialización.

¿Cuándo fue la última vez que leyó un texto que abordaba todas las preguntas importantes que tenía sobre el Reiki como una modalidad de sanación holística? Bueno, si existe algo que debe saber sobre este libro, es esto: está a punto de profundizar en los aspectos más importantes que necesitará saber sobre Reiki.

La medicina holística es un remedio para la mente, el cuerpo y el alma. Menciono esto porque debe saber que Reiki no es una cura; tampoco es un sustituto del tratamiento ortodoxo. Reiki es energía divina ilimitada que se utiliza para aliviar el malestar profundamente arraigado presente tanto en el cuerpo como en la mente.

La medicina alternativa, particularmente el Reiki, tiene más demanda que nunca hoy en día debido a una serie de razones, una de ellas es el creciente costo de la atención médica.

¿Y si le dijera que puede curarse a sí mismo? ¿Qué pasa si existe un enfoque que crea armonía entre la mente, el alma y el cuerpo? ¿Qué haría si descubriera que usted es un canal de altas vibraciones curativas naturales que pueden ayudar no solo a usted, sino también a muchos otros?

Todos estos temas y ámbitos exploraremos en este libro. Le insto a que suspenda sus creencias y considere la información aquí como una guía para la energía universal que es el Reiki. ¡Le deseo amor, luz y felicidad en su viaje hacia la auto sanación!

Capítulo Uno: Los Tres Pilares del Reiki: Gassho, Reiji-Ho y Chiryo

Breve Trasfondo del Reiki

Reiki es una forma de medicina alternativa comúnmente conocida como sanación energética. Los maestros de Reiki utilizan un enfoque de sanación práctico a través del cual la energía universal o "Qi" se transfiere de las palmas del maestro al cuerpo del paciente para acelerar la sanación física o emocional. En los textos o revistas académicos, se considera como una pseudociencia, ya que no existe una prueba definitiva o evidencia irrefutable de que existe "una fuerza vital universal", pero sabemos que existen cosas más allá del ámbito de la ciencia ortodoxa.

El Diccionario de Inglés de Oxford analiza la etimología de la palabra japonesa Reiki. Rei significa "alma" o "espíritu", mientras que Ki significa "energía", "fuerza vital" o "Conciencia". El primer uso de la palabra Reiki en los textos en inglés fue en 1975. Abarca todas las prácticas y afiliaciones religiosas. Es simplemente una forma sutil, pero eficiente de canalizar la fuerza vital para la sanación y el bienestar general. Sus maestros entienden que todos pueden conectarse con su fuerza vital, que idealmente debería ser firme e incontrolable en un estado saludable. La enfermedad ocurre debido a un Ki débil, bloqueado o desequilibrado.

Origen y Redescubrimiento

La historia reciente considera a Mikao Usui o Usui Sensei como el padre del Reiki. Esta es la razón por la que, en muchos textos, la palabra solo se aplica a la sanación holística que desarrolló. Los historiadores discrepan. El libro "Una Historia del Reiki Basada en Evidencias" de Toshitaka Mochitzuki Sensei e Hiroshi Doi Sensei, dos investigadores de Reiki, muestra que antes de los métodos de sanación desarrollados por Usui Sensei, había al menos otros cuatro métodos de Reiki practicados anteriormente en Japón. Entre ellos se encuentran Seido Reisho-Jutsu de Reisen Oyama, Reikan Tonetsu Ryoho, fundado por Ishinuki Reikaku, y Senshin-Ryu Reiki Ryoho creado por Matsubara Kogetsu.

El propio Usui Sensei nunca denominó a su método de sanación holística Reiki, ya que eligió la frase Shin-shin Kai-Zen Usui Reiki Ryoho, que significa "el método de tratamiento Usui-Reiki para la mejora de la mente y el cuerpo". A esto lo llamamos Usui Reiki Ryoho, ya que es menos complicado. Usui Sensei entendió su opinión sobre el Reiki, aunque válida, no fue la única.

La energía del Reiki existe desde hace aproximadamente 2,500 años y se dice que se originó en el Tíbet. Los lamas tibetanos aprendieron a aprovechar la fuerza de la vitalidad y la auto preservación codificada en la naturaleza humana para la comprensión, la sanación y el bienestar general y la guía espiritual. Es conocido por diferentes nombres, como Prana por los hindúes, el Espíritu Santo por los cristianos, Ki por los japoneses y Chi por los chinos.

Este profundo conocimiento de Reiki fue cuidadosamente preservado y solo se transmitió de boca en boca a aquellos considerados dignos de ese conocimiento, quienes habían dedicado tiempo y energía a la práctica espiritual de experimentar la armonía del cuerpo y el espíritu.

No existe mucha información disponible sobre la historia del Reiki porque al final de la Segunda Guerra Mundial, los japoneses no tuvieron más remedio que rendirse por completo al gobierno de Estados Unidos. El gobierno promulgó leyes que prohíben todos los métodos curativos orientales y aprobó las prácticas curativas ortodoxas. Algunos curanderos orientales, como los acupunturistas, podrían seguir practicando. Aun así, los practicantes de Usui Reiki Ryoho Gakkai fueron en contra de las regulaciones de licencias del gobierno de los Estados Unidos para convertirse en una sociedad secreta, practicando solo en reuniones privadas y discutiendo sobre Reiki con unos pocos miembros selectos de su grupo Gakkai.

La información más completa sobre la historia del Reiki proviene del Gakkai. Esto probablemente se deba a que el primer presidente del grupo no fue otro que el propio Usui Sensei, siendo sus sucesores Shihans o maestros de Reiki, entrenados personalmente por Usui y autorizados para transmitir el conocimiento de la práctica en su ausencia.

Una comprensión profunda del sistema Usui Reiki es fundamental, ya que proporciona a los practicantes una base sólida para comprender la sanación de Reiki, lo que les facilita conectarse con su esencia. Mientras que otros métodos se han desvanecido en el olvido, este ha resistido la prueba del tiempo gracias a Hawayo Hiromi Takata, un Gran Maestro de Reiki entrenado por Chujiro Hayashi, un médico naval y discípulo de Mikao Usui. Hayashi fue uno de los actores clave en la desmitificación del Reiki y en su transmisión fuera de Japón. Madam Takata trajo el Reiki a Occidente, donde se convirtió en la forma más practicada en el mundo.

La Difusión del Reiki en Occidente

Mikao Usui nació el 15 de agosto de 1865 en la aldea de Taniai, distrito de Miyama-Cho de la prefectura de Gifu, Japón, donde sus antepasados vivieron durante 11 generaciones. Su familia era budista. El joven Mikao fue enviado por sus padres a un monasterio Tendai para su educación primaria. Más tarde, en 1888, Usui padeció de cólera durante una epidemia en Kioto. Su enfermedad resultó en una experiencia cercana a la muerte en la que afirmó haber recibido visiones de Buda. Estas visiones lo llevaron a desarrollar algo más que un gran interés en la ciencia de la sanación.

Usui Sensei invirtió mucho tiempo y dinero en sus búsquedas espirituales. Después de 21 días de ayuno, meditación y oraciones en una cueva en el monte Kurama, alcanzó el estado de An-shin Ritsu-mei. Este estado lo había evadido durante años, pero después de ayunar durante tres semanas, Mikao Usui recibió una visión que alteró su vida para siempre. Visualizó antiguos símbolos sánscritos que lo ayudaron a desarrollar su método de Reiki tal como lo conocemos hoy.

Mikao Usui relata haber visto burbujas de luz flotando desde los cielos. Estas burbujas descendieron desde arriba hacia su cuerpo y salieron a través de sus manos. A esas burbujas de luz las llamó Reiki. Después de su experiencia religiosa, sufrió una herida en el pie mientras bajaba de la montaña. Usui Sensei puso sus manos sobre su pie y su herida sanó milagrosamente. A partir de entonces, Mikao recopiló textos y sutras antiguos en sánscrito de monasterios y bibliotecas budistas que abundaban en Japón en ese momento para comprender el concepto de Reiki para curarse a sí mismo y a los demás.

Pronto se convirtió en un maestro de meditación avanzado y sanador esotérico, que ofrecía tratamientos tanto a ricos como a pobres. Su "generosidad médica" no fue bien recibida por la típica sociedad japonesa de orientación clasista. Toda la familia condenó al ostracismo a Usui, su nombre se eliminó del registro ancestral. Incluso su hija Toshiko tenía una cláusula en su testamento que afirmaba que el nombre de su padre nunca se mencionaba en su casa.

Usui Sensei continuó enseñando y curando, y finalmente desarrolló un parentesco cercano con Watanabe Kioshi, el hijo de su maestro budista. Watanabe se convirtió no solo en su amigo más querido, sino también en su alumno más devoto. En abril de 1922, Usui Sensei se mudó a Tokio y fundó la sociedad del método de sanación Usui Reiki, donde impartió clases y dirigió una clínica de sanación. Tuvo muchos estudiantes. Los más notables de ellos fueron Chujiro Hayashi (quien más tarde se convirtió en el segundo Gran Maestro de Reiki) y Toshihiro Eguchi.

En algunas historias tradicionales sobre el Reiki, Usui Sensei fue profesor en la Universidad Doshisha de Kioto. Posteriormente viajó a los Estados Unidos, donde vivió durante siete años, obteniendo su doctorado en Teología de la Universidad de Chicago Divinity School. Es importante refutar esta falsedad.

Usui pudo haber estado fascinado por el mundo occidental; aun así, existe evidencia para demostrar que no hay registros de él como profesor o estudiante en la Universidad de Doshisha o en la Universidad de Chicago.

El maestro de Reiki William Rand descubrió estos hallazgos y observó que estas teorías en la historia del Reiki fueron creadas para hacer que el poder del Reiki fuera aceptable para los occidentales. En la cima de la historia temprana del Reiki, Usui Sensei instó a Hayashi a abrir una clínica de Reiki basándose en su experiencia como médico naval. Pronto surgió el Instituto Hayashi Reiki Kenkyukai, una escuela que también funcionaba como clínica. Mikao Usui murió de un derrame cerebral el 9 de marzo de 1926, a la edad de 62 años. Antes de morir, le regaló sus notas de clase, textos sagrados budistas y diario, todo en una caja barnizada, a su amigo Watanabe.

Hayashi modificó los métodos de Usui para lograr un efecto óptimo. Donde Usui tenía a cada paciente sentado para recibir tratamiento de un practicante de Reiki a la vez, Hayashi Sensei le indicó al paciente que se recostara para recibir tratamiento de varios practicantes de Reiki a la vez. A Hawayo Takata, el tercer Gran Maestro de Reiki, se le atribuye su difusión y sus preceptos tal como los conocemos actualmente.

Hawayo Takata fue una estadounidense de origen japonés nacida en Hawai en 1990, quien enviudó 30 años después y se dedicó a cuidar de sus dos hijos. Trabajó incansablemente. Cinco años después, el estrés de su trabajo pasó factura, dejándola con una infección pulmonar y dolor abdominal.

Un hospital de Japón le diagnosticó apendicitis, cálculos biliares, un tumor y asma. Como si eso no fuera suficiente, sufrió un ataque de nervios. Se le pidió que se preparara para la cirugía, pero su dificultad respiratoria la puso en riesgo de muerte después de la anestesia. Su médico le habló de la clínica de Hayashi Sensei y ella decidió intentarlo.

Después de cuatro meses de tratamientos de Reiki dos veces al día, Hawayo se curó. Llevó su creencia en Reiki a otro nivel, lo aprendió y se convirtió en Gran Maestra. Ella no se detuvo ahí. Hawayo enseñó a no menos de 22 maestros a continuar sus enseñanzas. El papel de Hawayo es esencial para Reiki no solo por su participación en la preservación de la cultura del Reiki, sino también porque fue la primera estudiante mujer de Reiki. Originalmente, Reiki era un arte que solo se enseñaba a los hombres en la sociedad japonesa.

Solo en los Estados Unidos, el Centro Nacional de Medicina Alternativa y Complementaria acepta la terapia de Reiki como una forma poco ortodoxa de tratamiento. Está disponible en spas médicos y centros de salud de alta gama para aliviar el estrés, reducir el dolor, terapia preoperatoria y posoperatoria para pacientes con cáncer, etc. Gracias a Hawayo y otros estudiantes dedicados del sistema Usui Reiki, Reiki se ha convertido en un método probado y confiable de terapia holística en todo el mundo.

Los Cinco Principios

Existen cinco principios o ideales de Reiki, que como practicante debe comprender. Estos principios no son reglas estrictas que rigen la forma en que vive, sino simplemente pautas o preceptos que ayudan a brindar equilibrio y armonía a su vida. Cuanto más trabaje dentro del marco de estos principios, más se convertirán en una segunda naturaleza.

Al practicar los principios, recuerde siempre su naturaleza humana. Cuando falle o dude en cualquiera de los pasos, puede intentarlo de nuevo al día siguiente. Estos principios son:

- Solo por hoy, dejaré ir la ira.
- Solo por hoy, no me preocuparé.
- Solo por hoy, estaré agradecido por mis bendiciones.
- Solo por hoy, haré mi trabajo con honestidad.
- Solo por hoy, seré amable con mis vecinos y con los demás seres vivos.

Ahora profundicemos sobre cada principio y la importancia de su aplicación en nuestra vida diaria.

Liberarse de los Pensamientos de Ira: ¿Cuándo fue la última vez que algo o alguien le hizo enfadar demasiado? ¿Le irrita cuando la vida se mueve más lento de lo esperado? La ira es más que una emoción. La ira es energía. La causa fundamental de la ira se puede simplificar en una falta de control. Ya sea que esta falta de control se refiera a las circunstancias de su vida o al trato que las personas le brindan, la necesidad de arremeter es normal y, a veces, incluso necesaria. El primer principio enseña que, aunque es correcto enfadarse, puede controlar sus reacciones practicando la paciencia, la tolerancia y la aceptación.

Dejar Ir la Preocupación: La preocupación no hace nada bueno por usted. Le mantiene en un estado mental intranquilo y posiblemente le lleve a tomar acciones que solo exacerbarán cualquier situación problemática que le preocupe. Aprenda a soltar las cosas que no puede controlar y simplemente deje que las fichas caigan donde puedan. No hay poder en la preocupación, lo que significa que no tiene sentido dejar que le consuma.

El miedo crea tensión, que le trastorna físicamente al debilitar su sistema inmunológico y emocionalmente, al alimentar toda la vergüenza y el arrepentimiento. Puede parecer que está preocupado por cosas externas a usted, pero la verdad es que la preocupación viene de su interior. Incluso en Ayurveda, el tercer chakra o plexo solar se conoce como la fuente del miedo, mientras que el quinto o chakra de la garganta es la sede de la ansiedad. Reiki enseña el poder de la respiración para desterrar el miedo y la preocupación en su vida diaria.

La Paz que Encuentra con la Gratitud: ¿Alguna vez simplemente observó algo o a alguien y se sintió agradecido? Es fácil sentirse agradecido por esos días cálidos y difusos. Gratitud significa estar agradecido por las nubes, los truenos y la lluvia. Considérelo de esta manera: sin uno, no puede apreciar el otro.

La gratitud es una emoción poderosa y un excelente motivador. La vida es desafiante y le obliga a moverse como un gato sobre ladrillos calientes. En lugar de concentrarse en el dolor en las plantas de los pies, ¿por qué no fingir que está bailando claqué? Reiki le obliga a reconocer lo positivo y lo negativo. Le libera de sus preocupaciones y le recuerda que debe permanecer en el presente. Al igual que el Yin y el Yang, tanto las buenas como las malas experiencias le ayudarán en su viaje hacia una existencia más armoniosa.

Desarrollando la Integridad: ¿Qué valor tiene su palabra? Si no existieran abogados o contratos, ¿su discurso y un apretón de manos lo impulsarían a ser honesto en sus tratos con todos y cada uno? ¿Saldría bajo fianza si no tuviera nada o nadie que lo impida de responsabilidades específicas, ya sean los platos en el fregadero o sus negocios o tratos personales con los demás? ¿Revelaría algo que le contó en confianza un ex amigo o pareja porque tenía que entablar una conversación?

En ocasiones, la honestidad y la integridad pueden resultar confusas. Otras veces, pueden entrar en conflicto con la situación en la que se encuentra. La práctica de Reiki le ayuda a conectarse más profundamente consigo mismo y con los demás. De esta manera, puede decidir con la mente clara.

Practicar la Bondad Hacia Uno Mismo y Hacia los Demás: El principio de bondad en Reiki es como la filosofía del Yoga de Ahimsa, que se traduce como "no hacer daño". No es de extrañar por qué está descrito en el juramento hipocrático, escrito en latín como primum non nocere, que significa "primero, no hacer daño". La bondad no tiene por qué ser un gran gesto o la donación de su fondo fiduciario a organizaciones benéficas en países en desarrollo.

La bondad está en las pequeñas cosas, reconociendo que todos son únicos, con sistemas de creencias y opiniones que difieren de los suyos. Es hacerlo correctamente sin prejuicios. Es una conciencia y consideración por su entorno, animales, plantas y otros además de usted. La bondad hacia uno mismo también es importante. Es por eso que las afirmaciones son una cosa, y el coaching de confianza es un trabajo real.

La bondad hacia uno mismo implica reconocer su falibilidad y perdonarse a sí mismo, darse un gusto cuando lo desee y no rehuir a una reunión de amigos, Netflix o Ben y Jerry. Amabilidad consigo mismo significa dedicar tiempo a usted, honrar sus sueños, establecer límites, aceptarse y creer en sí mismo. Existen otras formas de lograrlo, pero están más allá del alcance de este texto. Reiki se practica como una forma de cuidado personal y se usa para curar heridas emocionales y físicas.

Los Tres Pilares

Los pilares de Reiki se consideran rituales que ayudan a fortalecer una sesión de Reiki, lo que permite al practicante desarrollar una conexión con su conciencia y la fuente de Reiki. El ritual de Reiki se divide en tres partes o pilares:

- Gassho

- Reiji-Ho

- Chiryo

Cada uno posee atributos y funciones únicos para preparar al practicante para que se convierta en un conducto para la fuerza vital o la energía de Reiki cuando se practica en perfecta sincronicidad.

Gassho: Este es el primer pilar. La palabra Gassho significa "dos manos que se unen", como el saludo hindú Namaste, que literalmente significa "Me inclino ante ti", pero tiene un significado espiritual más profundo: "El Dios en mí reconoce al Dios dentro de ti".

Gassho consiste en respirar, centrarse y meditar, todo lo cual ayuda a canalizar la energía de Reiki a través de usted. Una vez que asume la posición de Gassho, calmarse y centrarse con las técnicas de respiración recomendadas le ayuda a establecer y fortalecer sus intenciones para la sesión de sanación.

Practicar Gassho: El ritual Gassho ayuda a enfocar y calmar la mente durante la meditación. A continuación, se indica cómo practicar:

- Coloque sus manos juntas en una posición de oración, asegurándose de que sus dedos toquen la punta con la punta. No aplique presión. Asegúrese de que las yemas de sus dedos estén relajadas mientras está en contacto. Solo debe sentir presión en los dedos medios.

- Mientras sus manos están en la posición de Gassho, concentre sus pensamientos en el punto donde se encuentran sus dedos medios y permita que sus pensamientos se derritan como el hielo en la brisa del verano.

- Si su mente divaga como de costumbre, aplique presión sobre los dedos medios e intente concentrarse nuevamente.

- Mientras esté en este estado, conéctese y conviértase en uno con las vibraciones terrenales de la madre naturaleza. Recite los cinco principios de Reiki en voz alta o en silencio en su mente durante 15 a 30 minutos.

- Cuando termine con la meditación, finalice la sesión estableciendo una intención de gratitud.

La práctica de la postura y la meditación en este ritual son simbólicas y beneficiosas. Sentarse con la columna recta evita que nuestro Reiki se corte al encorvarse. El gesto de la mano es un mudra, una postura que nos permite generar y canalizar energía de formas específicas para transmitir un significado espiritual. Los dedos medios también sirven como punto focal de conciencia durante la meditación.

Reiji-Ho: Este es el segundo pilar. Reiji se traduce como "una indicación del poder de Reiki", mientras que Ho significa "método". Como segundo pilar, es la parte donde el practicante pide la guía divina. Cuando esté en este estado, solicite que se encienda la energía. Después de esto, establezca una intención para la dirección del poder de Reiki.

Practicar Reiji-Ho: así es como se realiza de manera correcta:

- Mantenga sus manos en la posición Gassho, asegurándose de que sus muñecas estén cerca, incluso tocándose, del centro de su pecho.

- Con los ojos cerrados, pida que la fuerza vital de Reiki fluya dentro de su ser. Ore o pida por el bienestar de su paciente.

- Levante las manos para tocar su chakra Ajna (el chakra del tercer ojo entre y ligeramente por encima de las cejas) y pida orientación sobre dónde dirigir la energía de Reiki.

- Mientras esté en este paso, no mueva las manos al azar. Permita que sus emociones sean guiadas. Como un flujo de agua clara, permita que sus manos se muevan con intención. Libere su mente de cualquier deseo con respecto al resultado de la sesión de Reiki.

- Ahora, permita que sus manos floten relajadamente sobre el cuerpo de su paciente mientras espera la guía de la energía de Reiki. Todo lo que debe hacer es confiar en el Reiki y en el poder de su intuición.

El ritual de Reiji-Ho le permite conectarse intencionalmente con el universo y el poder infinito del amor. Esta energía universal está siempre en movimiento. Entonces, este paso tiene tres propósitos: crear consciencia de esta fuerza de vida cósmica, abrir su mente para el flujo de esta energía y ayuda a dirigir la energía hacia su intención consciente.

Chiryo: Chiryo se refiere a "tratamiento". Este es el pilar final de Reiki. En Chiryo, el practicante deja su ego en la entrada, permitiéndose convertirse en un canal o conducto para la energía de Reiki.

Durante este ritual, el practicante coloca su mano dominante sobre el chakra Ajna del paciente y espera hasta que recibe una señal para continuar. La energía determina dónde reside la afección y se dirige hacia ella. El médico utiliza la intuición durante la colocación de la mano mientras permanece guiado por la fuerza vital para nutrir y limpiar el cuerpo del paciente hasta el final de la sesión. Es posible realizar Chiryo en usted mismo. Es así como se realiza:

- Siéntese en una posición cómoda para sentarse o pararse y coloque las manos en Gassho. Cierre los ojos y deje ir el miedo y la ansiedad.

- Levante las manos, sosteniéndolas lo más alto que pueda. Con las manos levantadas, visualice la energía de Reiki en forma de rayos de luz que se extienden por todo su cuerpo. Con esta visión en mente, respire profundamente.

- Exhale. Mientras lo hace, visualice la luz que llena su cuerpo, extendiéndose a su alrededor, en todas las direcciones posibles. Esta técnica de respiración se denomina Joshin Kokyu-Ho. Esta técnica ayuda a fortalecer su conexión con Reiki, purifica el cuerpo y la mente y reduce la tensión. También existen testimonios de que aumenta las habilidades intuitivas.

Capítulo Dos: Los Tres Niveles de Reiki

Usui Sensei dividió su entrenamiento en tres niveles. Llamó al primer nivel Shoden, que se dividió a su vez en cuatro clases:

- Loku-Tou
- San-Tou
- Yon-Tou
- Go-Tou

El segundo nivel se denomina enseñanza interna u Okuden, y se subdivide en dos niveles:

- Okuden-Zen Ki
- Okuden Koe-Ki

La enseñanza de tercer grado o misterio se denomina Shinpiden. Este es el nivel conocido también como nivel de maestría en las enseñanzas occidentales. Shinpiden se enseña en dos etapas:

- Shihan-Kaku (maestro asistente)
- Shihan (maestro principal o venerable maestro)

Primer Nivel

Este es el nivel básico donde se enseña historia de Reiki, linaje, posiciones de las manos, autosanación con Reiki, etc. Mientras estudia el linaje de Reiki en algunos centros, es posible que se le muestre una especie de organigrama que muestre su conexión con Usui Sensei a través de generaciones de maestros de Reiki. Algunos profesores enseñan el primer grado a solas, mientras que otros enseñan Reiki de segundo grado.

En Reiki I, recibe su primera sintonía. Estas sintonizaciones ayudan a abrir sus canales de energía para que pueda curarse a sí mismo, a los miembros de su familia o a las mascotas. Después de la sintonía, existe un período de cambio y limpieza, como una desintoxicación.

La sintonía actúa como una escoba, despejando las telarañas y minimizando los canales de energía bloqueados. Este proceso podría durar 21 días, un tributo a la cantidad de días que Usui Sensei pasó en el monte Kurama. Durante y después de la desintoxicación espiritual, sería prudente mantenerse hidratado y descansar tanto como pueda.

Segundo Nivel

Esta es una actualización del primer nivel. En este nivel, ha expresado su interés en convertirse en practicante de Reiki. Es aquí cuando le enseñan los símbolos de Reiki. Estos símbolos son una característica distintiva y de empoderamiento de la práctica. Se aprenden tres símbolos en el segundo nivel, mientras que un único se enseña en el tercer nivel.

Además de los símbolos, se le enseña cómo diseñar una sesión de sanación, la ética de tratar a los demás, la sanación a distancia y la importancia de un código de honor en la práctica de Reiki. No solo aprenderá a dibujar los símbolos, sino a canalizar Reiki haciendo uso de ellos. Los símbolos que se enseñan en el segundo nivel son:

- Cho Ku Re — El símbolo de poder

- Sei Hei Ki — El símbolo mental y emocional

- Hon Sha Ze Sho Nen — El símbolo de distancia

Después de completar Reiki de segundo nivel, se convertirá en practicante de Reiki.

Tercer Nivel

Este es el nivel maestro. Aquí aprenderá el arte de convertirse en un maestro de Reiki. También aprenderá a enseñar Reiki y utilizará el símbolo de nivel maestro conocido como Dai Ko Myo. Algunas otras ramas de Reiki educan a los estudiantes sobre personajes menos conocidos como Raku y el símbolo del fuego tibetano, también llamado Tibetano Dai Ko Myo o Domo.

El nivel de maestría no solo le ayuda a obtener todos los niveles de sintonía, sino que le ayuda para que se sintonice con los demás. Muchos centros recomiendan seis meses o más entre el segundo y tercer nivel para integrar los principios del curso anterior antes de intentar la siguiente clase.

Símbolos de Reiki Desmitificados

Los símbolos de Reiki se han mantenido en secreto durante generaciones. Durante muchas décadas, nunca se copiaron ni imprimieron. A los estudiantes se les prohibió llevar sus notas a casa o mostrárselas a otros. En la clase de Hawayo Takata, los estudiantes tenían que quemar sus notas después de cada lección. Esto llevó a que se perdieran muchos aspectos del simbolismo de Reiki.

Imagine ser un maestro y, repentinamente, no puede recordar la forma exacta en que se dibuja un símbolo. Debido a que la memoria humana rara vez es perfecta y por temor a engañar a sus alumnos, ¿qué haría? Evadir la enseñanza de las partes nebulosas. Bueno, en un momento de la historia del Reiki, hubo muchas variaciones de cada símbolo debido a la documentación insuficiente.

La historia indica que inicialmente había alrededor de 300 símbolos, aunque solo 22 están en uso en la actualidad. Además de los pocos enseñados en Reiki II y III, algunos símbolos restantes se mantienen ostentosamente escondidos en los monasterios y bibliotecas tibetanos. Digo "algunos", porque el Partido Comunista Chino se ha apoderado del Tíbet, y el precioso poco conocimiento que queda de Reiki está siendo sistemáticamente destruido o diluido con el conocimiento occidental. Existen rumores de que los antiguos textos de Reiki fueron introducidos clandestinamente por monjes que emigraron a la India, pero muchos textos antiguos se han perdido para siempre.

El libro de Diane Stein *"Reiki Esencial"* es uno de los favoritos de los fanáticos de Reiki. Este texto es una guía completa para desmitificar el simbolismo de Reiki, yendo en contra de la obligación tradicional del secreto para hacer que estos símbolos sean de conocimiento público.

Al igual que usted, existen muchas otras personas que anhelan el conocimiento del Reiki, pero les falta tiempo para dedicar su existencia al camino sagrado. La gente argumenta que los métodos de Stein pueden hacer que los símbolos caigan en las manos equivocadas y promover el uso indebido. En esa nota, me gustaría aclarar algunos conceptos erróneos sobre los símbolos de Reiki.

Qué Es y Qué No Es Reiki

Los símbolos de Reiki son letras japonesas derivadas del sánscrito que tienen una antigüedad de 2500 años. Se dibujan psíquicamente como imágenes o se cantan como mantras. Los símbolos son universales, únicos y son un aspecto poderoso de Reiki que le permite conectarse mejor con la fuerza vital universal ilimitada. Piense en ellos como llaves o interruptores que desbloquean o amplifican la energía de Reiki.

Usui Sensei enseñó Reiki por primera vez sin usar símbolos. Después de un tiempo, presentó a los símbolos para ayudar a los practicantes a mejorar sus habilidades curativas. Un aspecto integral del estudio de Reiki; se dice que estos símbolos cierran la brecha entre el sanador y el paciente, aumentan la conciencia, activan las habilidades de auto sanación y liberan la mente de patrones de pensamiento destructivos.

En general, los símbolos aprovechan una energía y una conciencia más profundas que trascienden los mundos. El poder de cada símbolo representa años de uso en metafísica y sanación por parte de miles de maestros y practicantes.

Los símbolos inicialmente se mantuvieron en secreto para mantenerlos sagrados y puros. Este secreto fue alentado porque era un medio para mantener el poder de los símbolos y mantener la conexión sagrada, pero los símbolos son meros dibujos sin sintonía.

Reiki no es creencia, sanación psíquica, hipnosis o control mental. Su objetivo no es iniciar dogmas ni afectar su proceso de pensamiento. No se limita a la sanación práctica. Es una forma de energía que podría usarse para curar a través del tiempo y las dimensiones.

No se limita a curar enfermedades. La práctica diaria afina el campo de fuerza de su cuerpo, lo que le permite actuar como una barrera para los organismos o procesos que causan enfermedades. Al igual que su vaso diario de jugo de naranja, una taza de café o un batido de proteínas, puede servir como su complemento diario para su bienestar. Tampoco es un masaje, aunque los médicos pueden combinarlo con la terapia de masaje para obtener resultados óptimos.

Al usar símbolos de Reiki, el poder de su intención reemplaza la réplica exacta del símbolo. Menciono esto porque dibujar símbolos podría ser una tarea para los novatos, así que si usted está en esta categoría, no se castigue por ello. Solo asegúrese de que sus intenciones sean puras, claras y enfocadas. Los símbolos no pueden dañar, independientemente de sus intenciones negativas. Esto se debe a que su energía es maestra de sí misma. Es intencionado, positivo y auténtico. Los símbolos solo están diseñados para invocar esa energía pura.

Es posible practicar Reiki sin símbolos. Esto se realiza en algunas áreas de Japón y esta forma de iniciación se denomina *Rejiu*. No le quita energía. Como practicante, es un conducto de energía en sintonía con el suministro ilimitado de energía de la naturaleza.

Símbolos de Reiki

Los dos primeros símbolos de Reiki se derivan de las tradiciones sintoísta y budista, pero se les han asignado nombres o formas japonesas. Los dos últimos son kanji japoneses en símbolos chinos.

Cho Ku Rei — El Símbolo del Poder

Cho Ku Rei se pronuncia Cho-coo-ray. Es el primer símbolo de Reiki y el más flexible. Se traduce como "colocar todo el poder del universo aquí, ahora". Por esta razón, Cho Ku Rei (CKR) se considera como el activador, abridor, interruptor de luz o puerta de entrada a la sanación.

Muchos practicantes dibujan un pequeño Cho Ku Rei en sus palmas antes de comenzar una sesión de sanación para activar la energía de Reiki. El símbolo en sí no es una unidad de almacenamiento de energía. Representa su intención. Su objetivo activa el poder. Dibujar los símbolos es solo una acción física que refuerza sus intenciones.

Dibujando Cho Ku Rei

1. Dibuje una línea horizontal de izquierda a derecha. Esto representa una conexión con la fuerza vital universal.

2. Dibuje otra línea, una vertical, esta vez de arriba hacia abajo. Debe unirse a la línea horizontal previamente trazada. Esta línea representa la luz que fluye desde el chakra de la estrella del alma, el chakra de la corona y el resto de los chakras.

3. Dibujw tres círculos y medio decrecientes que terminen en la línea vertical. Las siete intersecciones de estos círculos simbolizan los siete chakras primarios. Cuando se dibuja adecuadamente, debería parecerse a algo como esto:

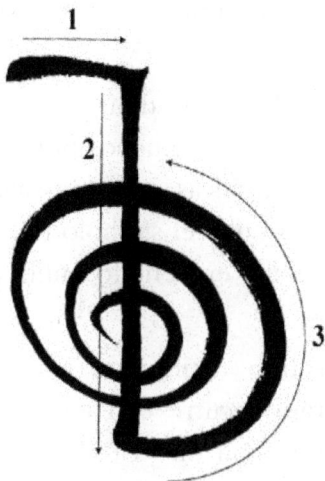

Profundizando en Cho Ku Rei

• La palabra Cho significa "poner fin". Esto libera la mente de ilusiones para percibir el todo.

• Ku significa "penetrar". Como una daga, este símbolo corta las dimensiones.

• Rei significa "omnipresencia", "universalidad" o "el nivel etérico".

Este símbolo atraviesa barreras de resistencia. Esotéricamente, significa "des-creación". El símbolo activa energía de segundo grado. Sin él, solo estaría canalizando Reiki de primer grado.

La forma de espiral del símbolo de Reiki se conoce como laberinto. En arqueología planetaria, las espirales representan la energía de la diosa, por lo que el lugar de iniciación en el Templo de la Diosa Serpiente Minoica en el Palacio de Knossos en Creta tiene el símbolo del laberinto.

CKR funciona en el plano físico, concentrando Reiki en el punto enfocado usando la forma de espiral de su signo. Su forma característica permite que la energía gire y se concentre en cualquier dirección en la que desee que vaya. Puede usarlo en el sentido de las agujas del reloj para aumentar y en sentido antihorario para disminuir.

Tradicionalmente, CKR se dibuja en sentido antihorario de derecha a izquierda. Aun así, muchos practicantes de la metafísica, la alquimia, las artes curativas e incluso algunas sectas como los wiccanos han observado que el símbolo funciona para aumentar la energía cuando se dibuja en sentido antihorario en el hemisferio norte.

Dibujarlo en sentido antihorario provoca una reducción o dispersión (lo contrario ocurre con los habitantes del hemisferio sur). Si encuentra que una dirección en particular funciona para usted, sin importar su hemisferio, úsela de manera consistente.

Muchos maestros solo aplican la CKR en sentido antihorario en casos de tumores, fiebres o cánceres, ya que la CKR en sentido horario solo agrava la afección, mientras que lo contrario reprime la propagación o reduce el crecimiento. El doble CKR, uno dibujado en cada dirección, se usa principalmente en la manifestación.

Usando CKR en Usted Mismo

• Puede dibujar el símbolo en su palma no dominante usando su mano dominante y viceversa para ayudarle a concentrarse e invocar la energía de Reiki. Cuando se conviertas en un estudiante avanzado, es posible que no necesite usar símbolos para evocar esta energía, ya que siempre estará conectado directamente a ella.

• Puede dibujar CKR en sus centros de energía, a saber, la corona, la garganta, el plexo solar, las regiones inguinal y umbilical. El Reiki conjurado puede limpiarlos profundamente a todos.

• CKR también puede funcionar como estimulante del estado de ánimo al reducir la fatiga.

• Cuando se usa en centros de energía secundarios como los oídos, los ojos, los hombros, las rodillas, la pelvis, los pies y la espalda, este símbolo puede crear un escudo que protege su aura de las personas y la energía negativas.

• Dibujar este símbolo en la yema de cada dedo puede ayudar a limpiar profundamente su campo de energía y el de los demás. Algunos médicos lo usan después del auto tratamiento o el tratamiento de otros.

• Puede deshacerse de sus pastillas para dormir a favor de CKR. Dibuje este símbolo en todos sus centros de energía y, junto con la respiración consciente, experimentará el mejor sueño de su vida. Grabar este símbolo en la ropa de cama puede ayudar a mantener a raya los malos sueños.

• Si siente dolor en una región particular de su cuerpo, dibuje este símbolo en la palma de su mano y colóquelo sobre el área aflictiva durante 5 a 10 minutos para obtener resultados óptimos.

• ¿Siente miedo? ¿Ansioso? ¿Sufre de miedo escénico? Dibuje este símbolo en los talones de sus pies para una conexión a tierra adicional. Al hacer esto, visualice un ancla más fuerte al suelo y observe cómo gana ese impulso extra en su paso. También puede grabar CKR en una pulsera o piedra de ojo de tigre para aumentar su confianza.

Usando CKR en Otros

Existen seis formas conocidas de transferir el símbolo CKR desde usted a un paciente.

• Imagine un símbolo CKR blanco luminiscente proyectado desde su chakra Ajna y enfocado en el dorso de sus palmas mientras las descansa usando diferentes posiciones de las manos de su paciente.

• Dibuje el símbolo con la lengua en el paladar. Dirija la energía del letrero al dorso de sus manos mientras se ciernen sobre la forma de su paciente.

• Imagine una luz brillante que encierra el símbolo en la palma de sus manos antes de colocarlas sobre su paciente.

• Dibuje el símbolo en el paladar con la lengua. Proyecte el mismo símbolo en el dorso de sus palmas antes de colocarlo en su paciente.

• También puede dibujar el símbolo en sus palmas con el dedo índice antes de comenzar una sesión.

• Dibuje el símbolo en el aire usando su dedo índice, indicando la dirección en la que desea que se dirija el Reiki. Sin embargo, existe una reserva: no permita que nadie lo vea dibujando este símbolo, excepto que sea un maestro de Reiki o un iniciado de Reiki de segundo grado.

Después de transferir el símbolo a su paciente, actívelo cantando silenciosamente las palabras "Cho Ku Rei" tres veces. Tome en cuenta que los símbolos dibujados nunca funcionarán hasta esta invocación silenciosa.

Cho Ku Rei para Eliminar Bloqueos: Cuando existe un bloqueo de energía, las vibraciones del cuerpo cambian. Podrían detenerse, volverse lentas o, lo que es peor, permanecer estancadas. Estos bloqueos de energía son responsables de las enfermedades crónicas y el estrés. Por ejemplo, cuando usa CKR en un sangrado o un corte menor, puede notar que la herida sangra profusamente. Esto es normal y dura poco tiempo. Es Reiki lo que obliga a su cuerpo a armonizar el flujo de energía. Este efecto conducirá a una sanación acelerada.

CKR para Impulsar el Éxito Profesional y la Abundancia: Este símbolo es uno de prosperidad, poder y protección. Solo tiene sentido que se utilice para manifestar abundancia en todas sus formas. Existen testimonios de personas que han manifestado dinero usando CKR. Solo tenían que dibujar el símbolo en una hoja de papel o en un billete de alta denominación. Después de esto, cantaban "Cho Ku Rei" tres veces, doblaban la nota, dibujaban otro símbolo CKR para sellar la energía y luego lo colocaban en una sección especial de su billetera.

CKR puede potenciar afirmaciones, tarjetas de presentación, reuniones, clientes, perfiles de Facebook, logotipos comerciales, salas de conferencias y dispositivos. Esto ayuda a protegerse del mal de ojo, prevenir la desgracia en los negocios y protegerse de los ataques psíquicos.

CKR para Expresar Gratitud: Visualice cada cosa buena y cada persona que se ha encontrado en la vida. Imagínelos suspendidos en luz blanca o en el cielo a través de la meditación. Establezca su intención de gratitud y séllela con el símbolo CKR. Puede amplificar los efectos de CKR utilizando música de meditación serena durante aproximadamente 10 minutos.

Uso de CKR en la Vida Diaria: Le sugiero que intente dibujar CKR en sus alimentos y bebidas. Esto se debe a que los consumibles contienen agua, que es el único compuesto capaz de existir en los tres estados de la materia, y que va en contra de la fuerza gravitacional de la tierra. El agua guarda recuerdos y energía. Por lo tanto, debes asegurarse de no contaminar su forma física con negatividad.

Esta limpieza también debe llevarse a cabo incluso cuando usted mismo prepare las comidas. Además de la energía en la comida o bebida, también transmite energía en los consumibles a través del tacto y a través de los utensilios utilizados para hacer o servir el plato. Antes de consumir cualquier cosa, invoque Reiki y coloque su mano sobre la comida durante 10 minutos para limpiarla y aumentar su valor nutricional. Existe la posibilidad de que hacer esto con las bebidas altere ligeramente el sabor del original. Pero ¿qué es un pequeño cambio de sabor en comparación con un plato enriquecido psíquicamente?

CKR puede reducir los efectos secundarios de los medicamentos, reducir los campos electromagnéticos en los dispositivos electrónicos y estimular el crecimiento de las plantas. Las plantas y las comidas no son las únicas cosas que pueden beneficiarse de una dosis de Reiki. Incluso los problemas afectivos se pueden solucionar con Reiki. Con CKR, puede fortalecer los lazos en sus relaciones. Una forma de hacerlo es dibujando el símbolo en imágenes de miembros de su familia, amigos o seres queridos. Esto ayuda a generar confianza, paz, aceptación y confianza

CKR para Protección: El uso de CKR en su hogar lo protege de robos, hurtos y pensamientos negativos. Dibuje en el centro de cada habitación, en cada pared, las esquinas superior e inferior de cada habitación, los techos y los pisos. Puede llevar las cosas un paso más allá grabando el símbolo en la decoración de la casa o cosiéndolo en las cortinas.

Para amplificar el símbolo, puede utilizar gemas protectoras como ágata, lágrimas de apache, azabache, piedra lunar arcoíris, cuarzo citrino, obsidiana, malaquita, cuarzo ahumado, turmalina negra o hematita, entre otras. Dibuje CKR en cristales para potenciar su energía.

Cho Ku Rei Alternativo o Inverso

¿Alguna vez ha oído hablar de la isomería óptica en química? Este es un fenómeno en el que dos o más compuestos se reflejan entre sí, pero realizan funciones diferentes o poseen propiedades diferentes. Eso es lo que es el CKR inverso, una versión reflejada del CKR normal.

CKR inverso expulsa energía o luz de un objeto, un lugar o un ser vivo. La inversión de la espiral elimina la energía cuando está presente en exceso; por lo tanto, la CKR alternativa no se recomienda para uso o terapia regular, excepto en situaciones especiales como un paciente hiperactivo. Aquí, el uso de CKR alternativo induciría fatiga o sueño.

Comprenda que no existe una forma correcta o incorrecta de dibujar el Cho Ku Rei si sus intenciones son claras. Suponga que visualiza el CKR alternativo durante una sesión en lugar del original. Entonces, no importaría, ya que el poder de su intención dictará el resultado de su aplicación.

Cho-Ku-Rei Inverso

Capítulo Tres: El Símbolo Mental-Emocional - Sei-He-Ki (SHK)

Este es el segundo símbolo de Reiki. Representa sanación emocional, purificación, claridad y protección contra fuerzas malignas. Cuando se traduce, este símbolo significa "como es arriba, es abajo" o "la tierra y el cielo se unen". Su significado espiritual es "Dios y el hombre se vuelven uno" o "la llave del universo". El símbolo Sei-He-Ki se considera el camino hacia la sanación del subconsciente.

La sanación de la conciencia no se realiza en los hospitales convencionales. Es un aspecto de la sanación que se pasa por alto. Invocar SHK canaliza Reiki a las emociones, despierta la fuente interior, cambia sus patrones de pensamiento, aumenta su campo vibratorio y sana la conexión mente-cuerpo. Este símbolo es reconocido por librarnos de la negatividad, los bloqueos de energía, los antojos, las adicciones y otros patrones de comportamiento dañinos.

Dibujando Sei-He-Ki

● Dibuje una línea en zig-zag de tres partes, como se muestra en los trazos 1, 2 y 3

● Dibuje una línea vertical de arriba hacia abajo, como en el trazo 4. Esta línea debe coincidir con la última línea en zig-zag del trazo 3.

● Dibuje una línea curva de arriba hacia abajo. Esta línea debe unirse al trazo 4 para convertirse en el trazo 5.

● Dibuje otra línea curva de arriba hacia abajo. Este será el trazo 6. Esta línea debe trazarse con un poco de distancia entre los trazos 1 y 5. Este sexto trazo debe ser paralelo a los demás.

● Dibuje dos líneas curvas como cúpulas o semicírculos en el trazo 6. Si se dibuja correctamente, el símbolo debería verse así:

Símbolo Sei-he-ki

SHK se usa en conjunto o inmediatamente después del símbolo CKR sobre el cuerpo de un paciente para brindar sanación a los estados emocionales y mentales de su campo de energía. Equilibra su aura y su cuerpo físico. SHK también se puede usar después de completar una sesión de sanación para traer armonía al chakra de una persona afectada, como el chakra del corazón.

Para sanar de esta manera, colóquese al lado de la mesa de tratamiento de Reiki y coloque una mano debajo de la espalda de su paciente al nivel de su chakra del corazón. Con la otra mano, dibuje el CKR, posteriormente dibuje los símbolos SHK unos centímetros por encima del chakra del corazón de su paciente. Escuche atentamente su flujo de energía.

Preste mucha atención al momento en que su energía se estabiliza antes de pasar a otra posición o chakra para continuar con su tratamiento.

Profundizando en Sei-He-Ki

Sei-He-Ki tiene sus raíces en Siddham, una palabra sánscrita que significa "perfeccionado o realizado". Es una escritura Brahmi medieval utilizada por los budistas japoneses Shignon para escribir sutras y mantras. En Japón, la escritura Siddham se denomina bonji. En su viaje espiritual, Usui Sensei se familiarizó con ello e introdujo el símbolo SHK para sanar la mente. SHK puede haberse originado en la escritura siddham, pero los japoneses usan la pronunciación Sei-He-Ki y no la pronunciación sánscrita original.

La descripción kanji de SHK se traduce como "corregir hábitos", lo que apunta a la eficacia del símbolo en la sanación mental. Sei-He-Ki es un símbolo bastante inusual. Los historiadores del Reiki afirman que el diseño del símbolo Sei-He-Ki se basa en la diosa budista japonesa Kannon, la Bodhisattva de la misericordia y la compasión que se acerca a los seres en aflicción.

Los practicantes afirman que es parecido a un arco y una flecha que se dispara directamente al corazón. Otros lo comparan con la cara y la cabeza de un hombre con las jorobas que se asemejan a dos mechones de cabello. A pesar de las metáforas, su uso se mantiene constante, estableciendo un equilibrio emocional y mental destinado a comunicarnos con nuestra conciencia superior. Este símbolo tiene dos propósitos principales:

• Le ayuda a usted o a su paciente a descubrir las emociones que provocan un desequilibrio físico, psicológico o emocional.

• Le permite crear equilibrio reorganizando sus patrones de pensamiento negativos, reemplazándolos con hábitos y respuestas positivas. Cuando se usa con otros símbolos, SHK podría causar cambios de energía, ya que cada signo posee su frecuencia vibratoria única.

Todas las enfermedades físicas tienen profundas raíces emocionales que deben abordarse para lograr un bienestar total. Los pensamientos son energía pura y las emociones se pueden comparar con constelaciones de energía. Cuando está feliz, resplandece e irradia alegría pura. Cuando ocurre lo contrario, se vuelve más tenue, más oscuro, más sombrío. Tiene miedo de buscar comprensión o cierre. Incluso puede fingir que lo olvida, haciendo un gran trabajo que le convenza a sí mismo de que tal evento nunca sucedió, o de que todo está bien.

Estos sentimientos dolorosos nunca desaparecen. Como heridas, supuran y se convierten en llagas infectadas. Crecen tan desproporcionadamente que se manifiestan en el ámbito físico como una enfermedad. He aquí un ejemplo de cómo sucede. Steve tiene una esposa agobiante. Cuando todavía estaban en la etapa de citas, ella lo perseguía por todas las pequeñas razones bajo el sol. Aun así, Steve amaba a su chica, por lo que se mantendría en silencio y se reservaría sus comentarios para mantener la paz. Sabía que, si pronunciaba una sola sílaba en defensa propia, su casa se convertiría en una arena y su dama armaría un calvario, sus hermanos y amigos, que siempre estaban de su lado.

Después de años de citas exclusivas, Steve y su dama se casaron. Poco después, en lugar de una luna de miel prolongada, le diagnosticaron cáncer de esófago avanzado. No es casualidad.

Es posible que haya encontrado muchas situaciones en las que, acostado en su cama por la noche o mientras está en un lugar seguro, recuerda eventos de su día, se molesta por no defenderse más por sí mismo o responde a ciertos sucesos o personas como debería haberlo hecho.

Esta mentalidad de "podría-podría-debería" conduce a una acumulación de culpa en su psique. La culpa reprimida conduce a la ansiedad, luego al estrés, la depresión y más tarde a la enfermedad física. Incluso los científicos, las personas menos hippies que jamás conocerá, han logrado establecer una conexión entre una serie de aflicciones y frustraciones físicas, la soledad, el dolor e incluso el miedo. Es aquí donde entra SHK. Este símbolo le ayudará cuando se sienta angustiado, molesto o emocionalmente fuera de lugar. Funciona canalizando la divinidad en sus patrones de energía, alineando sus chakras de una manera que otros signos no logran. A diferencia de otros símbolos de Reiki, SHK tiene menos variaciones de sus dibujos. Solo existe un dibujo que lo muestra siendo un poco más extenso, pero eso es todo.

Su mascota también puede manifestar enfermedades. La enfermedad física para ellos en ocasiones puede deberse a emociones no liberadas o debido a la transferencia. Esto significa que su mascota es completamente capaz de enfermarse porque usted está enfermo o angustiado emocionalmente. Las mascotas también tienen alma y, aunque se les puede entrenar para realizar algunos trucos, tienen sentimientos y experimentan emociones como los humanos. No tienen el intelecto ni el control para expresarlos como lo hacemos nosotros.

Sin embargo, si su mascota está unida a usted, estas emociones negativas aumentan su frustración en la medida en que eligen sacrificar sus cuerpos, asumiendo sobre sus frágiles cuerpos el dolor de sus sentimientos no resueltos y la energía negativa persistente. SHK se puede usar tanto en humanos como en animales para liberar cargas emocionales de modo que deje de manifestarse una enfermedad física predominante.

Usar SHK para Curarse Mentalmente

- Extienda las manos y coloque las palmas en la parte superior de la cabeza, la ubicación de su chakra coronario.

- Imagine los símbolos SHK y CKR en sus palmas. Ambos deben usarse juntos, ya que CKR es el interruptor que potencia y realza los efectos de SHK.

- Pronuncie Cho-Ku-Rei tres veces, luego Sei-He-Ki tres veces, posteriormente pronuncie Cho-Ku-Rei tres veces nuevamente.

- Continúe el cántico del paso anterior durante el tiempo que desee que fluya la energía curativa de Reiki. Es posible que, al hacer esto, note un ligero cambio vibratorio en la energía de Reiki a medida que penetra en su alma. Ese es precisamente el trabajo de Reiki bajo la influencia de SHK, enfocado en sus problemas mentales y emocionales. Cuando esto se hace con pura intención durante 15 a 20 minutos diarios, todos los enredos emocionales negativos se iluminan, volviéndose lo suficientemente visibles como para que usted tome una decisión bien informada: *Dejar ir por el bien mayor.*

Usar SHK en Otros

Después de dominar el arte de usar SHK en sí mismo, ahora puede explorar la opción de practicarlo en otros. No debe forzarlo con nadie ni trate de imponer su creencia en Reiki a otra persona. Hacerlo sería solo manipulación. Debe informarle amablemente que esta forma de sanación está disponible si deciden intentarlo. Si su invitación se alinea con su libre albedrío, aceptarán su oferta de sanación mental cuando sea el momento adecuado.

Antes de usar SHK en otra persona, pregunte si existe un problema particularmente emocional que deseen resolver. Si es así, dirija Reiki bajo la influencia de SHK para solucionarlo.

Recuerde, no hay necesidad de detalles exactos de sus problemas emocionales, ya que usted es un sanador holístico, no un terapeuta. No es su trabajo (no importa qué tan fuerte suene su medidor de Nancy Drew) escucharlos o sondearlos en busca de mayor información. Solo necesita ofrecerse para sanar. Teniendo en cuenta sus verdaderas intenciones, Reiki hará el trabajo por sí solo. Si su paciente no tiene una intención emocional específica por casualidad, use los símbolos CKR y SHK para canalizar Reiki para el bienestar general del paciente.

Aquí, no importa lo magistral que sea como practicante, nunca manipule a otros con Reiki. Las consecuencias de hacerlo son nefastas. Incluso podrías perder su don. Así mismo, cuando dibuja el símbolo SHK entre usted y otra persona, la mayor parte de la energía de la otra persona puede adherirse a usted. Esto podría tener efectos positivos o negativos dependiendo de sus intenciones como practicante. Como no puede saber en qué dirección se balanceará el péndulo proverbial, debe realizar un ritual de limpieza después de cada sesión.

Usos de Sei-He-Ki

Mejora la memoria: dos símbolos SHK dibujados uno frente al otro imitan tanto el lado izquierdo como el derecho del cerebro:

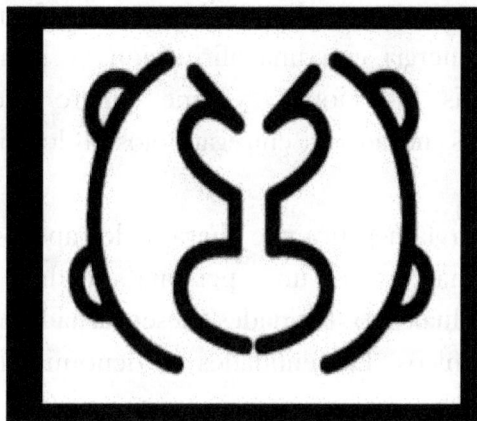

Símbolo Doble SHK

Cuando se usa SHK con CKR, SHK ayuda a equilibrar ambos hemisferios cerebrales. Se cree que SHK ayuda a establecer conexiones entre ambas mitades del cerebro.

Para mejorar la memoria, dibuje los símbolos CKR, SHK y otro CKR en su tercer ojo y administre Reiki durante aproximadamente diez minutos cada día. Estabilice la energía usando una afirmación positiva como "mi intuición, memoria y concentración aumentan a pasos agigantados cada día".

Cura adicciones y libera bloqueos emocionales: adicciones como morderse las uñas, fumar, beber en exceso, el uso indebido de drogas, los trastornos alimentarios y la glotonería se resuelven con Sei-He-Ki. Esto es posible porque SHK es la puerta de entrada al subconsciente. El poder de este símbolo lo ayuda a comprender gradualmente y, finalmente, a amarse y aceptarse a sí mismo. No es de extrañar que se emplee en la pérdida de peso. Dado que este símbolo funciona para amplificar la energía mental y la liberación emocional, le vendría bien tener una caja de pañuelos a mano durante una sesión para prepararse para los trabajos de agua que puedan ocurrir.

Para sanar adicciones, dibuje el símbolo CKR + SHK + CKR en el chakra del corazón y canalice Reiki durante 15 minutos diarios. Estabilice esta energía con una afirmación positiva como "Estoy curado de mis adicciones y me libero de todos los comportamientos negativos, entregándolos a lo divino para mi mayor bien."

Limpia la energía negativa y le libera de los apegos kármicos: un espacio, una mascota o una persona pueden tener apegos espirituales residuales o entidades desencarnadas. Estos apegos pueden ser kármicos. Las entidades se denominan comúnmente fantasmas.

Ya sea que esté de acuerdo en que existen los fantasmas o no, algunas entidades están atrapadas en nuestra dimensión, persistiendo debido a algún problema no resuelto o tareas que quedan en la tierra después de su fallecimiento, lo que les impide seguir adelante. Algunas de estas entidades pueden ser maliciosas o francamente dañinas cuando se les permite seguir en sus medios. Causan estragos debido a la ventaja de ser invisibles para quienes no son conscientes de la espiritualidad.

Los apegos kármicos, por otro lado, pueden ser situaciones de energía negativa o enfermedades acumuladas de vidas anteriores. Sin disolver estos apegos, no será posible llevar una relación verdaderamente satisfactoria con su presente. El uso del símbolo SHK puede ayudar a disipar estas entidades, vínculos o energías negativas, sanando sin percatarse. Puede dibujar el CKR junto con el SHK sobre sí mismo y en todos los rincones de su espacio para protegerse contra la manipulación psíquica.

Mejora las relaciones: Debido a que este símbolo repercute en las emociones, mejora la comunicación en las relaciones, calma las discusiones y elimina los sentimientos de tristeza, nerviosismo, ira y miedo.

Su vibración, ligeramente más alta que CKR, hace de SHK un símbolo poderoso para crear armonía, abrir dimensiones y curar en todos los niveles. Elevar su vibración con este símbolo puede combatir los sentimientos de depresión al actuar como una barrera contra toda la negatividad que proporciona el entorno ideal para el abatimiento.

Transferir Sei-He-Ki de Usted Mismo a Otra Persona

• Visualice un símbolo SHK luminiscente que irradia desde su chakra Ajna hasta la parte posterior de sus palmas antes de asumir diferentes posiciones de las manos y apoyarlas sobre su paciente.

• Imagine una luz brillante iluminando el símbolo SHK a su alrededor. Imagine su reflejo en sus manos antes de comenzar una sesión práctica con su paciente.

• Dibuje el símbolo con la lengua en el paladar, luego proyecte dicho símbolo en las palmas de las manos mientras descansan sobre la forma de su paciente.

• Dibuje el símbolo SHK en el aire usando su dedo índice, llevando a Reiki en la dirección que elija.

• Dibuje el símbolo en las palmas de sus manos con el dedo índice antes de colocarlo sobre su paciente.

La advertencia para transferir el símbolo SHK es como la que se brinda al transferir CKR. Solo un practicante de Reiki o un iniciado de Reiki de segundo grado debería observarlo dibujar estos símbolos, nadie más. Activar el signo es un paso necesario para asegurar su eficacia.

Para activar SHK, debe comenzar dibujando el interruptor de luz, CKR. Cante CKR en silencio tres veces, después de lo cual debe delinear el símbolo SHK mientras lo canta en silencio tres veces.

Después de esto, selle la energía con otro símbolo de CKR, cantando en silencio Cho-Ku-Rei tres veces mientras lo hace.

Capítulo Cuatro: El Símbolo de Conexión o Sanación a Distancia - Hon-Sha-Ze-Sho-Nen

La forma correcta de pronunciar el tercer símbolo de Reiki conocido como Hon Sha Ze Sho Nen es "*Han Sha Zei Sho Nen*". Este símbolo posee muchas variaciones caligráficas, todas dependiendo del estilo de pincel de la persona que lo dibuja. Como resultado, es el símbolo de Reiki de segundo grado más complicado y los estudiantes necesitan un poco de tiempo para dominarlo y comprenderlo.

Consta de cinco caracteres chinos diferentes. En Japón no tenían un guion propio durante la introducción del budismo en el siglo VI. Por esta razón, Japón adoptó la caligrafía china, aplicándola a su idioma, llamándola kanji.

Cada carácter de este símbolo es lo suficientemente único como para crear su complejo significado. En pocas palabras, significa "la divinidad en mí saluda a la divinidad en ti" o "no hay pasado, presente o futuro", estableciendo la conexión entre nuestro verdadero yo desprovisto de ego que trasciende todo el tiempo y el espacio. Cada kanji incorporado en HSZSN representa los cinco elementos y los chakras del cuerpo humano.

Dibujar el símbolo Hon-Sha-Ze-Sho-Nen

Analicemos las tres partes de esta estructura.

Para los Símbolos Kanji, HON:

1. Dibuje una línea recta de dos pulgadas de arriba a abajo. Este trazo significa el comienzo. La eternidad comienza aquí.

2. De derecha a izquierda, dibuje una línea recta de tres pulgadas a lo largo del trazo. Este segundo trazo en kanji japonés significa diez, que significa "el final" o "finalización", ya que los japoneses solo cuentan hasta diez.

3. En el cuadrante inferior izquierdo, dibuje otra línea de una pulgada con un ángulo de 45 grados. La línea debe trazarse de derecha a izquierda y de arriba a abajo.

4. Haga lo mismo en el cuadrante inferior derecho. Cuando se combina con el primero y el segundo, el tercer y cuarto trazos denotan un árbol, que representa el árbol de la vida y la intemporalidad.

5. Dibuje una línea horizontal de media pulgada de largo de izquierda a derecha. Esta línea debe cruzar la parte inferior del trazo. Este último trazo significa la raíz del árbol, su propia esencia u origen. Cuando se dibuja correctamente, debería parecerse a esto:

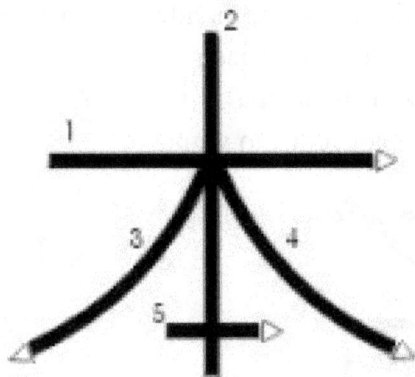

Hon

Para el Símbolo Kanji, SHA:

1. Dibuje una línea horizontal de tres pulgadas de largo de izquierda a derecha directamente debajo del trazo cinco para formar el seis.

2. Dibuje otra línea de tres pulgadas de largo cortando rápidamente en el extremo derecho del trazo seis. Esta línea debe curvarse suavemente hacia abajo, oscilando hasta que termine en el lado izquierdo de seis, directamente debajo de ella por media pulgada (7).

3. En la sección central de la página, dibuje una línea recta de dos pulgadas y media de largo directamente debajo del trazo siete, de izquierda a derecha (8).

4. En el lado izquierdo del trazo ocho, dibuje una línea recta de tres pulgadas de largo de arriba a abajo. Esta línea debe coincidir con el trazo ocho en su parte superior (9).

5. En el lado derecho del trazo ocho, dibuje otra línea recta de tres pulgadas de largo de arriba hacia abajo. Esta línea debe coincidir con el trazo ocho en su parte superior (10).

6. A la mitad del lado derecho del trazo diez, de izquierda a derecha, dibuje una línea recta de media pulgada (11).

7. Ligeramente debajo de esta "tienda", de izquierda a derecha, dibuje una línea de una pulgada de largo a partir de la izquierda del trazo diez. Esto forma el trazo 12. Cuando se dibuje correctamente, se parecerá a lo siguiente:

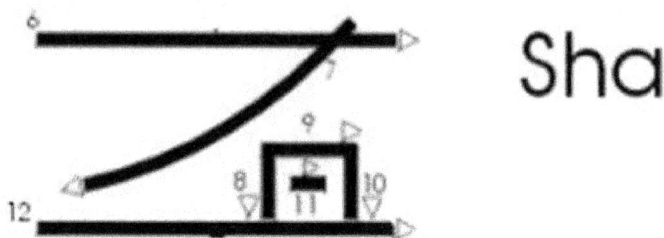

Sha

Los Símbolos Kanji ZE, SHO y NEN

Este segmento del símbolo de Reiki se asemeja a una casa con una cara sonriente en el interior.

1. En el lado derecho del trazo 12, directamente debajo, pero sin tocar el trazo 9, dibuje una línea recta de una pulgada de largo de arriba a abajo (13).

2. A mitad del trazo 13, a la derecha de la línea, dibuje una línea recta, de un cuarto de pulgada de largo de izquierda a derecha (14).

3. En el lado izquierdo, directamente debajo, pero sin tocar el trazo 12, dibuje una línea de un cuarto de pulgada de largo de arriba hacia abajo (15).

4. En el medio de la página, dibuje una línea de tres o cuatro pulgadas de largo de arriba hacia abajo. Esta línea debe curvarse ligeramente de izquierda a derecha. El trazo resultante formará el lado derecho de la casa (16).

5. En el lado izquierdo, a media pulgada de la punta del trazo 16, de arriba a abajo, dibuje otra línea que se curve ligeramente de izquierda a derecha (17). Este trazo completa la casa.

6. Dentro de la tienda en el lado izquierdo, tres cuartos de pulgada desde la parte superior, dibuje una línea de un cuarto de pulgada de largo de izquierda a derecha (18).

7. Este próximo trazo se parecerá a un gran número siete, excepto que la parte superior del siete y su parte larga se curvarán suavemente. En el lado izquierdo de la casa, a media pulgada de distancia y debajo del trazo 18, dibuje la punta del siete cerca de la pared de la casa. Lleve el extremo curvo de los siete hacia adentro un cuarto de pulgada de izquierda a derecha.

8. De arriba hacia abajo, doble suavemente la parte larga de los siete de izquierda a derecha siguiendo la línea de la casa (12 a 19).

9. En la parte inferior derecha del interior de la casa, dibuje una línea de media pulgada de largo de derecha a izquierda curvada como la sonrisa en un emoji de cara feliz (20).

10. En el lado izquierdo sobre el trazo 21, dibuje una línea de un cuarto de pulgada de arriba a abajo. Esta línea debe curvarse ligeramente hacia adentro de derecha a izquierda (21).

11. En el lado derecho y por encima del trazo 21, dibuje una línea de un cuarto de pulgada de arriba a abajo. Esta línea debe curvarse ligeramente hacia adentro de izquierda a derecha (22).

12. Los trazos 21 y 22 serán las líneas que formarán los ojos en la cara feliz. Estas curvas se enfrentarán entre sí. Esto completa el Ze-Sho-Nen. Si se dibuja de manera apropiada, se parecería a lo siguiente:

Al unir todo el símbolo, se obtiene Hon-Sha-Ze-Sho-Nen

Profundizando en HON-SHO-ZE-SHO-NEN (HSZSN)

El símbolo HSZSN se asemeja a una pirámide elevada conocida en el este de Asia como pagoda o estupa, una estructura budista en forma de cúpula utilizada como lugar de meditación y para el almacenamiento de reliquias sagradas. Muchos historiadores de Reiki afirman que el símbolo se traduce en una oración que significa "sin pasado, sin presente, sin futuro."

Incluso los físicos consideran que, si el tiempo pudiera trazarse en un gráfico en forma de curva, extender esta curva lo suficiente haría que el pasado se encuentre con el futuro. Analicemos literalmente este símbolo.

- Hon: libro, verdad, real, origen, para encontrar la esencia de

- Sha: alguien, persona, quién, cuál, él / ella que es

- Ze: correcto, justo, adecuado, perfecto, justo

- Sho: virtuoso, recto, base del conocimiento real

- Nen: sentimientos, pensamientos, memoria, sabiduría meditativa, tolerancia o paciencia

ISe trata de reflexionar sobre nuestra propia esencia, para que podamos recuperar la sabiduría originalmente nuestra, para comenzar. El kanji Hon corresponde con el elemento madera. El kanji Sha coincide con el fuego, Ze coincide con la Tierra, Sho está representado por el metal y Nen por el agua. El poder de los cinco elementos se engloba dentro de este símbolo de Reiki. Cada elemento tiene una estrecha asociación con el fenómeno de la vida tanto en el sentido teórico como práctico.

Este símbolo actúa como un emblema que nos guía a nuestro verdadero yo. Es una prueba de que centrarnos en nuestro yo más auténtico nos expone a la sabiduría genuina inherente a nosotros. Todo lo que se necesita es la activación de este conocimiento. Este símbolo enseña que, en el fondo, ya estamos completos y conscientes y no nos falta conocimiento. Se pueden aprender cosas nuevas de libros, compañeros de búsqueda y otras fuentes de conocimiento, pero debe hacerlo por el mero placer de la experiencia y nada más.

Muchos practicantes de Reiki creen que HSZSN solo funciona para la sanación a distancia, pero ese es solo un uso de este potente símbolo. Este tercer símbolo contiene energía espiritual, que transmite energía Reiki sin importar el espacio, el tiempo y la distancia.

Al igual que el símbolo SHK, el HSZSN debe activarse mediante CKR. De esta manera, al practicante se le otorga la capacidad de canalizar la energía de Reiki a un cliente sentado frente a él o lejos en otro continente. Durante la sanación a distancia, se deben usar los tres símbolos. Active Reiki con CKR, cree armonía y equilibrio con SHK, canalice Reiki para salvar la distancia entre el espacio, las dimensiones y el tiempo usando HSZSN.

Al realizar la sanación a distancia para una persona, si la persona tiene la mente lo suficientemente abierta, es probable que sienta los efectos de la energía de Reiki. La sanación a distancia no toma tanto tiempo como las sesiones de sanación prácticas, pero esto no implica que sean menos efectivas. Es posible establecer un límite de tiempo para las sesiones de sanación a distancia, potenciarlas y renovarlas diariamente.

Usos de HON-SHA-ZE-SHO-NEN

Ayudar a Curar Heridas Pasadas: La distancia no es una barrera para el Reiki como ya lo hemos establecido. Es posible enviar energía al pasado para curar eventos traumáticos. Debe entender que la energía de Reiki no es una máquina del tiempo. No retrocederá en el tiempo y, como un borrador, asegurará que esos eventos hirientes nunca ocurran. En cambio, bajo la influencia de HSZSN, le ayudará a reevaluar esas situaciones y a ver las cosas desde una nueva perspectiva. De esta manera, sana su aflicción y deja ir su dolor.

Ayudar a Prepararse para Circunstancias Futuras: Puede usar este símbolo para prepararse para situaciones que aún no han sucedido. Como una batería, Reiki almacena energía para acceder a ello más tarde. ¿Tiene miedo de las citas dentales? Envíe Reiki delante de usted para calmarse antes de la cita con su médico. Puede utilizar este método para entrevistas de trabajo, exámenes y reuniones con socios comerciales. Le ayudará a mantenerse en el lado soleado de las cosas a pesar de su miedo.

Ayudar con la Sanación a Distancia: Esto también se denomina sanación ausente. Reiki puede sanar a una persona o personas que no están en la misma habitación que usted. La sanación a distancia es de gran utilidad cuando un paciente está en cuarentena por motivos de salud, como una enfermedad altamente infecciosa o quemaduras de tercer grado.

Es posible que las personas también deseen un alto grado de privacidad y es posible que no les agraden las sesiones físicas individuales. La sanación a distancia ha demostrado ser útil para calmar a los animales salvajes e incluso a las mascotas que no desean ser tocadas. Ambas son situaciones en las que usted o el cliente pueden desarrollar una infección o lesión secundaria a través del contacto físico.

Su paciente podría estar en un país o continente diferente y recibir los efectos de la energía de Reiki. También puede sanar la tierra, enviando esta energía divina para sanar a las víctimas de accidentes, ataques terroristas o guerras. Aquí, su intención debe ser una resolución pacífica de conflictos para todas las partes involucradas. También puede enviar Reiki a las familias de todos los afectados por estos sucesos, visualizándolos sin dolor para que puedan sobrellevar mejor los efectos de la guerra y sanarlos.

Sanar la Tierra: Puede enviar Reiki a la madre tierra para curar al mundo de los peligros de la deforestación, la caza furtiva, los incendios forestales, los derrames de petróleo y la minería ilegal en el mar o en la tierra. Contribuye en gran medida a curar el delicado ecosistema de estos desastres provocados por el hombre. Enviar Reiki en estos casos es su forma de devolverle el amor que le ha dado tanto a la madre naturaleza y sin pedir nada a cambio.

Apoyar a Quienes Han Fallecido: Canalizar la misma secuencia de símbolos de Reiki para enviar luz hacia el bien mayor de los amigos de la familia o los clientes que han fallecido nos permite ayudarlos dondequiera que estén. Reiki les ayuda a sanar y evolucionar a pesar de que se encuentran en un plano espiritual superior en comparación con nosotros. Todo lo que necesita es de 10 a 15 minutos de sanación a distancia de Reiki. Esto puede parecer poco al principio, pero ayuda mucho.

Canalizar Reiki no está destinado a la comunicación, sino a una forma de enviar sanación y apoyo espiritual. La belleza de Reiki es su flexibilidad. Los practicantes utilizan la sanación a distancia de muchas formas. Sería mejor si encontrara una forma que funcione para usted.

Obtener Acceso a los Registros Akáshicos: Los registros akáshicos también se conocen como el Libro del Recuerdo de Dios o el Libro de la Vida. Estos registros contienen un relato de pensamientos, eventos, palabras, intenciones y emociones que han sucedido, presentes y futuras. Los registros akáshicos también contienen los apegos kármicos, metas, contratos y deudas de cada ser humano. Una serie de sesiones de sanación utilizando el tercer símbolo de Reiki puede descubrir y liberar acuerdos kármicos y resolver deudas kármicas.

Recomiendo encarecidamente no acceder a estos registros como nuevo iniciado o principiante. La información contenida en estos registros es vasta y sobresaliente, como los datos de una supercomputadora. Estos registros son la supercomputadora del universo. Existe una gran cantidad de información disponible en estos registros, tanto buena como mala. Por esta razón, solo los usuarios de Reiki de tercer grado o los practicantes de Reiki de nivel de maestría deben tener esta forma de acceso.

Para acceder a estos registros, debe asearse a sí mismo y activar una capa de protección en todos sus centros de energía. Utilice la secuencia de símbolos de Reiki CKR + SHK + HSZSN y realice ejercicios de respiración profunda para calmar su mente y permitirle entrar en el estado alfa. Solo en este estado la mente consciente puede calmarse lo suficiente como para recibir mensajes del reino espiritual. Si accede a estos registros con la ayuda de guías espirituales, recuerde agradecer a sus guías por su apoyo.

Usando el Tercer Símbolo en Sí Mismo

Puede usar el símbolo de sanación a distancia en su vida de diversas maneras:

Enviar Reiki a Su Pasado: Use el símbolo HSZSN para enviar Reiki a su pasado, situaciones o eventos en los que experimentó un trauma o sufrimiento, como la muerte de un ser querido o un fracaso en su vida. Enviar Reiki a esos períodos de su pasado lo calmará, lo aliviará y eliminará cualquier forma de bloqueo que afecte su presente. Este proceso de sanación puede ser liberador, ya que le ayuda a exorcizar a sus demonios internos pasados.

Existen dos formas de enviar energía curativa Reiki a nuestro pasado.

- Regrese al evento traumático e imagínese como un espectador. Entone los símbolos CKR + SHK + HSZSN con la intención de sanarse y deshacerse de todas las huellas psicológicas negativas creadas por eventos pasados. Visualice el gozo y la felicidad durante 5 a 10 minutos mientras pasa de la oscuridad a la luz.

- En una hoja de papel, escriba una breve descripción del evento traumático. Doble cuidadosamente el papel en un cuadrado que pueda caber en la palma de sus manos. Aplique la secuencia de símbolos de Reiki y visualice la dirección de la energía curativa al evento y cualquier problema presente que resulte de su experiencia. Disuelva las energías negativas para su bien mayor y el de los demás involucrados.

Al enviar Reiki al pasado, le recomiendo encarecidamente que no se convierta en una práctica diaria. Su objetivo es purificarse de los lazos de su historia y no cambiarlos ni negarlos. Realice este proceso durante diez minutos, dos veces por semana, como máximo. Enviar regularmente una gran cantidad de Reiki a eventos pasados lo expondrá al riesgo de traer de vuelta aspectos del pasado a su presente.

Reiki en Su Presente: En ocasiones en la vida, podría sufrir letargo y necesitar urgentemente un impulso de energía. En esta situación, necesita tomarse un tiempo para meditar durante unos minutos. En esos minutos, puede enviar energía visualizando la luz blanca de la energía Reiki envolviendo y sanando todo su cuerpo, cada célula, tejido, músculo y órgano desde su chakra coronario hasta sus pies.

Dibuje el CKR y HSZSN en sus centros de energía para invitar al Reiki a sanar, limpiar y purificar intensamente, llenándole de energía. El chakra de la corona es la puerta de entrada a todos los demás chakras. El uso de los símbolos en la parte superior de la frente abre un camino espiritual hacia su yo superior.

Reiki para Su Futuro: Es posible enviar energía a su yo futuro. Puede avanzar días, semanas, meses o años en su futuro y prepararse con anticipación para los sucesos. Mire su calendario social, personal o comercial y elija un evento. Este evento puede ser su jubilación, unas vacaciones o una boda. Incluso si no tiene una fecha o evento específico en mente, puede enviar Reiki para atraer el favor, el éxito y la fortuna en su futuro.

Frecuentemente, cuando envía Reiki a sí mismo en el pasado, presente o futuro, recibe un mensaje, validación o reconocimiento. Esta "señal" puede volverse tan clara como una voz en su cabeza, presentando una conclusión exitosa de su razón para enviar Reiki.

Este signo ayudará a aliviar sus preocupaciones, provocando una sensación de calma y confianza. Practique el uso de HSZSN o cualquier símbolo de Reiki primero en usted mismo para obtener los beneficios antes de probarlo con cualquier otra persona.

Realización de una Sesión de Sanación a Distancia

Antes de realizar una sesión de sanación a distancia, es esencial obtener el permiso de la persona que desea curar. Nunca canalice Reiki a una persona que no esté dispuesta. Solo después de obtener el consentimiento puede buscar un entorno tranquilo, libre de todas las perturbaciones. Decida la forma de sanación a distancia que desea utilizar antes de enviar energía Reiki. Solo entonces podrá comenzar la sesión. Algunas formas de realizar la sanación a distancia son:

- Sostenga un objeto que pertenezca a la persona objetivo en sus manos para conectarse con ella y enviar sanación a distancia. Puede usar una muñeca o algo similar. Ya sea que se utilicen objetos animados o inanimados, todos los elementos poseen conciencia.

- Úselo como sustituto. Coloque sus manos sobre su cuerpo para sanar a su paciente. Mueva sus manos con Reiki a cada área del cuerpo que sienta que su paciente necesita curarse, como en una sesión real.

- Utilice una foto de su paciente. Active el Reiki en sus palmas y abra la puerta de entrada de la fuerza vital universal entre usted y su cliente. Deje reposar la foto durante 15 minutos en sus palmas o durante el tiempo que dure la sesión.

- Cree una imagen de su paciente en su mente. Después de activar Reiki, abra la puerta de enlace usando los tres símbolos CKR + SHK + HSZSN durante 15 a 20 minutos o mientras dure una sesión.

- Si, por casualidad, dibuja de manera errónea el HSZSN o cualquier otro símbolo de Reiki, no cancele la sesión ni comience de nuevo. La energía de Reiki es inteligente, y el problema se solucionará a medida que se necesiten esfuerzos e intenciones honestas, no réplicas exactas, pero esto no es una excusa para faltar el respeto a los símbolos o ser apacible para memorizarlos. Existe una razón por la que los símbolos son sagrados. Son escritos que representan una energía muy antigua.

Al realizar una sesión de sanación a distancia, recuerde conectarse con la fuerza vital universal. Necesita conectarse con esta energía, tanto espiritual como mentalmente. Para que esto suceda, debe dejar atrás su ego y recordar que usted es simplemente un conducto para el poder.

Recuerde sentir el flujo de Reiki antes de continuar con la sesión de sanación. Mantenga la sesión en su lugar durante el tiempo que considere que debería continuar. El tiempo promedio es de aproximadamente 15 a 20 minutos. Asegúrese siempre de que la sesión no se realice por su ego, sino por el bien mayor del paciente. HSZSN trabaja con la mente consciente y el cuerpo mental, a diferencia de SHK que trabaja con la mente subconsciente. Antes de usar el HSZSN, es esencial que usted o su paciente comprendan el panorama completo y hayan resuelto su dilema emocional oculto; solo después de ello, HSZSN puede ofrecerle a usted o a la otra persona nuevas direcciones, acciones y opciones.

Esto se debe a que, para cambiar el presente y posiblemente el futuro, primero debe lidiar con el pasado. Como el típico efecto dominó, una vez que resuelve el pasado, el presente y el futuro también se alinean. Al usar este símbolo, comprenda que, esotéricamente, no hay pasado, presente ni futuro; todo el tiempo está aquí y ahora.

Termine la sesión de sanación a distancia visualizando positivamente la sanación de la persona, el espacio o la situación en la que se centró. Después de completar la sesión, entregue los resultados al amor infinito, la sabiduría o el espíritu de Reiki. Para desconectarse de la sesión, lávese las manos con agua corriente fría o agite las manos vigorosamente para cortar la energía de Reiki. Beba agua para mantenerse hidratado y conectarse con la tierra.

Canalizando Reiki

A medida que practica Reiki y su práctica se vuelve más ocupada con más pacientes que acuden a usted para tratamientos, solicitudes o talleres, recibirá más llamadas para Reiki a distancia. Deberá ser más creativo para encontrar formas de manejar la carga de trabajo adicional.

Debe buscar formas de balancearlo con la sanación tradicional de múltiples clientes, eventos o situaciones. Por ejemplo, es posible que haya solicitado Reiki a personas de otros países. Estos pacientes pueden solicitar sanación para ocasiones presentes o futuras, como bodas y dedicatorias de niños. Tomaría mucho tiempo proporcionarles sanación a todos en momentos separados debido a las diferencias de zona horaria. Para lograrlo, deberá combinar sus solicitudes y enviarlas simultáneamente. Considérelo como enviar un mensaje de texto masivo. Esto le ahorrará mucho tiempo y esfuerzo. Algunas formas creativas en que se puede realizar la sanación a distancia para varias personas incluyen:

Usando una Caja de Reiki: Escriba los nombres de los pacientes o las situaciones que desea enviar a la sanación. Incluya las fechas y horas de las solicitudes de Reiki y coloque el papel que contiene sus nombres en una caja con las fotografías de los pacientes si puede conseguirlas. Puede pedirles que envíen una fotografía con su solicitud por correo electrónico.

Canalice Reiki a esta caja con regularidad. De esta forma, Reiki se envía a todos los destinatarios de la caja. Si no tiene una caja, puede usar un recipiente de porcelana con tapa o cualquier otro recipiente si está designado únicamente para Reiki. Guarde la caja en un lugar seguro y, si puede, rodéela con cristales curativos y reserve un tiempo cada día para enviar curación a esos pacientes.

Revise la caja y lea las tarjetas con regularidad porque algunos pacientes necesitan el impulso de Reiki por un período corto, mientras que otros lo necesitarán por el resto de sus vidas. Use su intuición para seleccionar cada tarjeta y detener el Reiki una vez que los pacientes le informen del progreso. Agregue sus aspiraciones o las de sus familiares y amigos cercanos que experimentan enfermedades u otros desafíos en la vida.

Uso de un Tablero de Reiki: ¿Está familiarizado con los tableros de visión? Con los tableros de visión, puede ver sus sueños y aspiraciones brevemente y manifestarlos usando la ley de la atracción. Puede aplicar el mismo principio haciendo un collage con los nombres y fotografías de las personas que desea sanar.

Utilice tachuelas, pegamento o cinta adhesiva para sujetar sus nombres y fotografías. Tras lo cual, puede "transmitirles" Reiki desde la comodidad de su hogar u oficina. Puede cargar su tablero de Reiki con cristales reforzados con energía, colocar los cristales en un patrón establecido alrededor del tablero de Reiki y entonar intenciones específicas antes de enviar la sanación.

Siempre trate de compartir sus experiencias de sanación a distancia con pacientes pasados o futuros si es apropiado. Los pacientes potenciales podrían beneficiarse de cualquier información o conocimiento que haya experimentado durante la sanación de Reiki a distancia. También es posible beneficiarse de la retroalimentación, ya sea positiva o negativa. La retroalimentación positiva le recuerda que está haciendo las cosas bien. La retroalimentación negativa le ayuda a afinar su técnica para beneficiar a sus pacientes.

El Sándwich de Reiki

¿No sería magnífico si la energía psíquica se abriera paso en el menú de nuestra cafetería o restaurante favorito? ¿No desearía que todo lo que tuviera que hacer fuera hacer un pedido de Reiki para llevar cuando se sintiera cansado? Mientras decidía si un sándwich de Reiki sabría mejor que una ensalada de Reiki, debo reventar su burbuja. Este "impulso de energía" puede denominarse sándwich, pero está lejos de ser comestible.

El método que emplee para usar cualquiera de los símbolos de Reiki depende en gran medida de su linaje de Reiki. Su linaje es el sistema o línea de enseñanza en el que se entrenó a su maestro. En ciertos linajes, se le indica que utilice los tres símbolos independientemente de las posiciones de las manos que adopte durante una sesión de sanación. Algunos otros maestros opinan que el segundo símbolo debe emplearse solo en circunstancias excepcionales.

El sándwich de Reiki es un arreglo o una técnica de sanación de energía de Reiki donde los símbolos se apilan uno encima del otro o se usan en combinación para aumentar la efectividad de un solo símbolo. Esto es posible porque cada símbolo posee una vibración específica que es una receta para aprovechar el poder puro cuando se une.

Dibujar un Sándwich de Reiki

- Activar Reiki dibujando el Cho Ku Rei.

- Dibuje el segundo símbolo que desee a un costado o debajo del primer símbolo.

• Selle la energía con otro Cho Ku Rei a un costado o debajo del segundo símbolo. ¡Ahí lo tiene! Su sándwich psíquico para llevar.

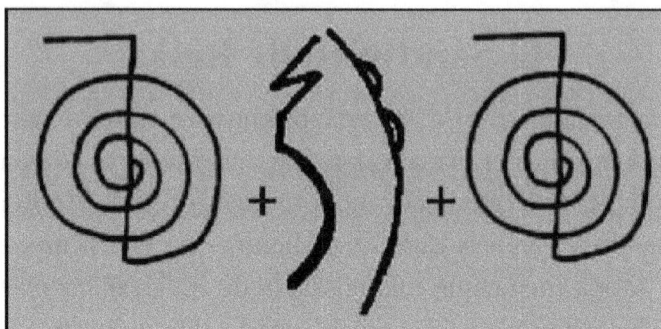

Un Sándwich Reiki

Usando un Sándwich Reiki

Entone cada símbolo tres veces e imagine que la energía Reiki fluye desde su chakra Ajna hacia el chakra Ajna de su paciente. Mientras entona en silencio cada signo, agregue intenciones solo para el bien supremo de la mente y el cuerpo de su paciente.

Los sándwiches de reiki se utilizan por una serie de razones, las más populares son la curación de adicciones, la pérdida de peso, la obtención de claridad o la búsqueda de soluciones a problemas problemáticos y la liberación de bloqueos mentales y emocionales en su paciente antes de que comience la sanación integral.

Capítulo Cinco: Símbolos No Tradicionales de Reiki

Los símbolos de Reiki no tradicionales son aquellos descubiertos por practicantes que no están bajo el paraguas de Usui Shiki Ryoho. No son parte de los símbolos enseñados y transmitidos a través de la Sra. Hawayo Takata. Estos símbolos se enseñan en otras escuelas de Reiki. Shika-Sei-Ki y Shika-So son dos símbolos esenciales para abrir y limpiar el corazón, el alma, la comunicación y fomentar las conexiones emocionales.

Shika-Sei-Ki

Shika-Sei-Ki cumple la función de purificar su corazón y su alma. Se le denomina afectuosamente como el símbolo de Reiki para la paz. Este símbolo resuena con el chakra del corazón, también conocido como Anahata o el cuarto chakra. Puede concentrar una energía considerable.

Shika-Sei-Ki tiene funciones físicas y espirituales. Físicamente, ayuda a curar dolencias cardiovasculares como inflamaciones del miocardio o del pericardio, cardiopatía isquémica y ritmos cardíacos anormales. Espiritualmente, aumenta su capacidad para dar y recibir amor al inundar el chakra de su corazón con luz divina. También le proporciona una sensación de calma y tranquilidad interior.

Shika-Sei-Ki nos conecta con todos los aspectos de nuestra alma, especialmente en la ansiedad, el estrés, la depresión, la ira y la desconfianza. Este es el símbolo que se emplea cuando lamentamos el fallecimiento de un ser querido, una ruptura devastadora o cuando sentimos nostalgia por tener que dejar un lugar en el que nos hemos familiarizado. Activar Shika-Sei-Ki usando Cho-Ku-Rei en sus palmas ayuda a liberar todos sus sentimientos de vulnerabilidad y abre su corazón a la luz de la sanación.

Representación de Shika-Sei-Ki

Usando Shika-Sei-Ki

¿Recuerda ese sándwich del que hablamos? Podemos preparar otro con Shika-Sei-Ki. Solo necesitamos modificar la "receta".

• Active Reiki dibujando Cho-Ku-Rei. Esto aumentará los poderes del siguiente símbolo.

• Dibuje el símbolo Sei-He-Ki para abrir la dimensión espiritual y deshacerse de las vibraciones negativas para crear armonía.

• Dibuje otro Cho-Ku-Rei para sellar Sei-He-Ki y activar el siguiente símbolo.

• Dibuje el símbolo Shika-Sei-Ki para sanar a nivel emocional.

• Selle Shika-Sei-Ki con otro símbolo Cho-Ku-Rei y coloque las manos sobre su paciente durante aproximadamente 15 minutos.

Utilice Shika-Sei-Ki en los hogares para crear un ambiente cálido y pacífico. En las relaciones, colocar un símbolo activado de Shika-Sei-Ki en el chakra del corazón de su pareja y en el suyo fomentará la armonía, una mejor comunicación y la sanación.

Shika-So

Shika-So resuena con el chakra de la garganta, también conocido como el quinto chakra o Vishuddha, que es el centro de energía conocido por la comunicación, la honestidad y la autoexpresión. Debido a esto, Shika-So es el símbolo con el cual conectarse en la comunicación, los malentendidos y la ansiedad. Funciona con Shika-Sei-Ki para crear equilibrio espiritual.

Como Shika-Sei-Ki, Shika-So también tiene beneficios físicos y espirituales. Físicamente, este símbolo ayuda a aliviar las dolencias de la garganta y la tiroides, como dolor de garganta, inflamación de los ganglios linfáticos, hipotiroidismo e hipertiroidismo, dolores de cuello, tos y amigdalitis. Espiritualmente, abre un conducto para una comunicación eficaz. Con este símbolo aprende a expresarse mejor, evita el síndrome del lobo solitario (salvo que sea uno por elección), aumenta su confianza, disminuye y, con el tiempo, elimina determinadas deficiencias del habla como la tartamudez.

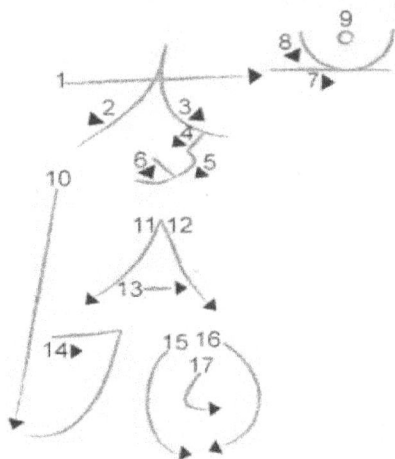

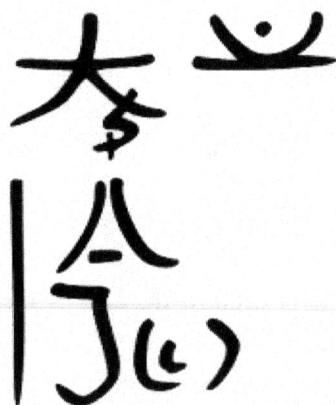

Representación de Shika-So

Usos de Shika-So

• Dibuje este símbolo en su garganta, el chakra le ayuda a estar atento a las palabras que dice. El tacto no es un don con el que nace todo el mundo. Este símbolo le ayuda a saber cómo leer una habitación y saber cuándo hablar y cuándo el silencio es la mejor opción.

• Cuando se usa con Cho-Ku-Rei, este símbolo le ayuda a expresar sus pensamientos de la mejor manera. Esto ayuda a detener los malentendidos.

• Shika-So, cuando se usa con Shika-Sei-Ki, le ayuda a aprovechar su lado creativo. La razón es que tanto el chakra del corazón como el de la garganta están conectados de muchas maneras. La pasión y la creatividad se desatan con estos dos símbolos.

• Dibujar un sándwich de Cho Ku Rei, Shika-Sei-Ki y Shika-So en una habitación ayuda a los ocupantes de la misma a comunicarse y entenderse mejor entre sí. Esto es ideal para resolver conflictos familiares o evitar tediosas reuniones de negocios.

Nin-Giz-Zida

Un Símbolo de Reiki con Muchos Nombres: La Serpiente de Fuego, Mae Loong, La Serpiente de Fuego Tibetana o El Dragón de Fuego. Este símbolo se usa en tibetano, karuna y Reiki tradicional en el proceso de sintonía, pero su uso varía según el linaje de Reiki.

Generalmente, cada proceso de sintonización comienza con la Serpiente de Fuego Tibetana. Este símbolo se dibuja en el chakra de la corona y el chakra posterior. Su propósito es simplemente despertar su Kundalini, que es la energía femenina divina enroscada en la base de la columna vertebral, o Muladhara que le despierta a la verdad divina y la sabiduría infinita que mora dentro de usted.

Kundalini se puede activar con Yoga y otras prácticas espirituales como Reiki. Este despertar permite que Reiki fluya sin problemas en todos los chakras simultáneamente. La conexión con Kundalini es la razón por la que la Serpiente de Fuego Tibetana se usa para abrir los chakras del receptor durante la sintonización. Otros símbolos podrían abrir los canales de energía, pero solo este símbolo los abre todos a la vez. Este símbolo se utiliza en la limpieza de los centros de energía hacia el chakra de la corona del receptor, lo que permite la armonía y la alineación entre todos los centros de energía, dejándole limpio y energizado a nivel espiritual.

El fuego de Kundalini logrado usando la Serpiente de Fuego Tibetana le ayuda a ofrecer alivio a personas y animales. Este símbolo también es útil para frenar los síntomas de la menopausia, como sofocos, sudores nocturnos e insomnio. Utilice la Serpiente de Fuego para aliviar los problemas de columna y el dolor lumbar. Solo necesita activar el símbolo y dibujarlo sobre la columna vertebral, posteriormente canalizar Reiki durante al menos 15 minutos.

Dibujando Nin-Giz-Zida

• Dibuje una línea recta de dos pulgadas de largo de izquierda a derecha (1).

• Para ello, dibuje una línea de conexión que descienda en una serie de ondas (2).

• En la base del trazo 2, trace una línea de conexión que termine en dos espirales y media en sentido anti horario (3).

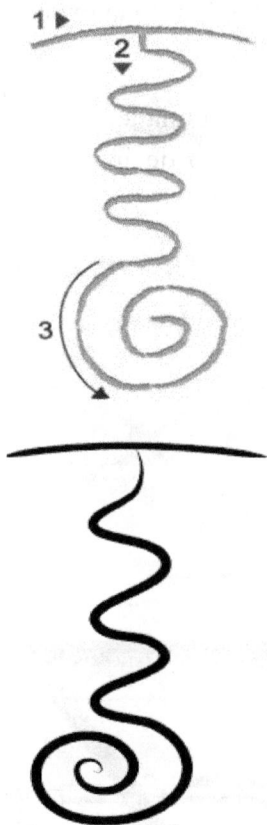

Representación de Nin-Giz-Zida

Trabajar de manera coherente con este símbolo brinda muchos cambios. Dado que los centros de energía se alinean entre sí, vivirá una vida feliz y sin preocupaciones.

Zonar

Este símbolo se pronuncia Zoe-nar. Es el símbolo de la eternidad o el infinito. Zonar es la "lidocaína" del reino espiritual, un anestésico que sana las heridas emocionales resultantes del pasado, presente o futuro. Dibuje el símbolo en el chakra del plexo solar (área del estómago) y el chakra Manipura (debajo del ombligo). También es el símbolo utilizado para resolver deudas kármicas y problemas interdimensionales que desafían toda explicación.

Dibujando Zonar

Este símbolo se asemeja a una letra Z. El último trazo de la Z se eleva para formar el símbolo de infinito tres veces a través de la mitad de la Z.

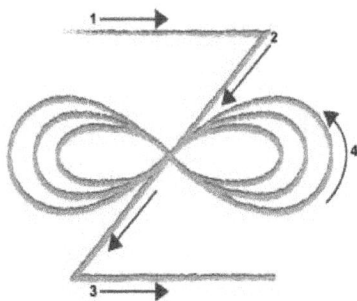

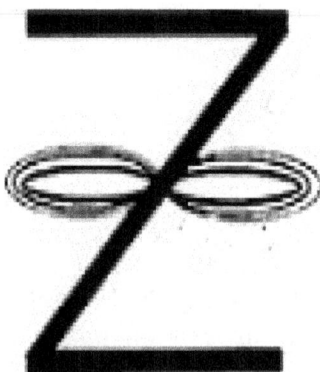

Representación de Zonar

Usos de Zonar

• Su fuerte conexión con el arcángel Gabriel, el mensajero divino, ayuda a enviar energía durante la sanación a distancia de Reiki para disolver las deudas kármicas del pasado que interfieren en su relación actual.

• Cuando se dibuja en las paredes y techos del espacio, tiene un efecto de escudo espiritual.

• Zonar también se usa para sanar enfermedades a nivel celular y resolver problemas relacionados con el abuso infantil.

Harth

Este símbolo rima con la palabra "Corazón" y por una buena razón. Harth es el símbolo de Reiki de compasión, amor infinito, belleza, verdad y armonía. Tiene forma de ancla o cruz en forma de pirámide. Primero fue canalizado por Marcy Miller y Kathleen Milner y es el símbolo principal de Karuna-Ki Reiki. Todos sus trazos se dibujan de izquierda a derecha y de arriba a abajo. Puede usar este símbolo en la corona, Ajna, y el chakra del corazón para abrir las formas más elevadas y puras de amor, energía y vibración divinos.

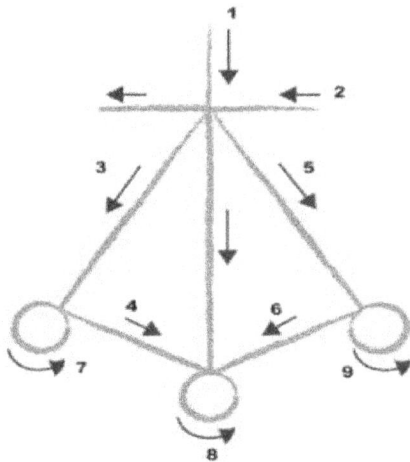

Representación de Harth

Usos de Harth

• Cuando se dibuja en el chakra de la corona, reaviva su intuición y entusiasmo por la vida.

• Mejora las relaciones aumentando sus sentimientos de amor y compasión hacia los demás cuando se dibuja en los chakras del corazón y la garganta. También le brinda positividad y disminuye los problemas cardíacos.

• Ayuda a sanar adicciones de todo tipo al abrir su corazón y su mente de los comportamientos de auto sabotaje y las excusas que utiliza para aislarse de la verdad.

Halu

Este símbolo se pronuncia hay-loo y es un Zonar amplificado. Este símbolo significa amor, belleza y verdad. Es el símbolo que se utiliza al romper patrones de comportamiento para iniciar una sanación causal, física y kármica profunda.

Dibujando Halu

Al igual que el Zonar, comienza con una letra Z incrustada con un signo de infinito. Además de ello, posee una pirámide en la parte superior.

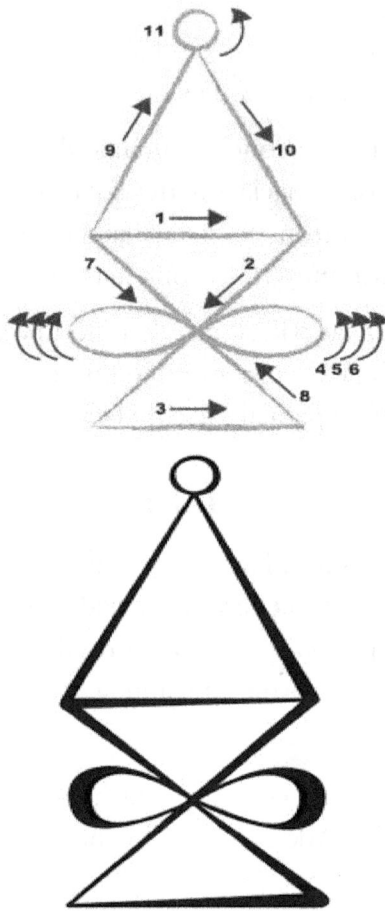

Representación de Halu

Usos de Halu

• Le ayuda a reconocer sus errores y asumir la responsabilidad de sus acciones.

• Su estrecha asociación con el arcángel Rafael lo convierte en un símbolo de protección global y psíquica.

• Nos permite reconocer y cambiar cosas que no están en consonancia con nuestra evolución espiritual.

• Ofrece protección contra técnicas de manipulación y estrés físico y mental.

Gnosa

Este símbolo se pronuncia Know-Sa y está afiliado a los ángeles de la sabiduría divina. La palabra Gnosa significa conocimiento espiritual y místico adquirido a través del sentimiento y la profecía divina. Gnosa se le reveló a Marie Abraham en un período de profunda meditación. Aumenta la intuición y despeja el camino hacia la comprensión cuando se usa en los chakras Ajna y de la corona.

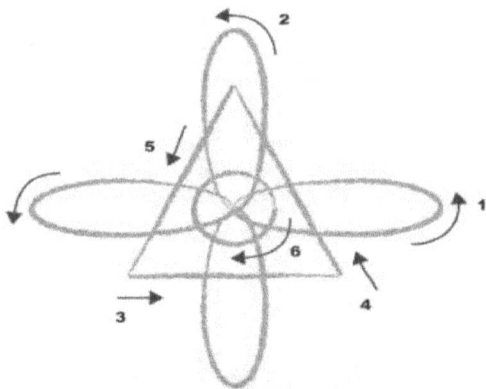

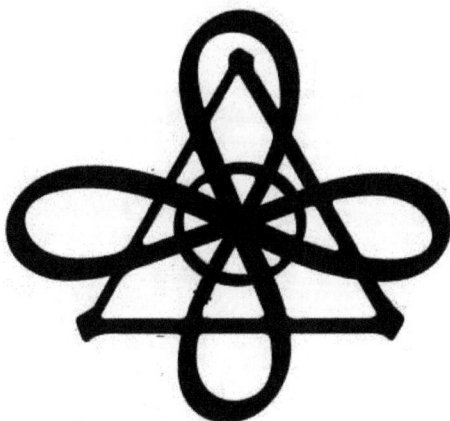

Representación de Gnosa

Usos de Gnosa

• Dibuje un doble Gnosa en su chakra de la corona le ayuda a recuperarse de la fatiga, alivia la tensión, y le ayuda a estudiar y memorizar mejor.

• ¡Es hora de deshacerse del pelo del perro! Dibujar un sándwich de Reiki que contenga Gnosa es útil para ayudar con la resaca.

• Gnosa le ayuda a amarse y aceptarse a sí mismo de una manera no narcisista.

Rama

Este es el símbolo de Reiki para la conexión a tierra o el equilibrio. La palabra Rama proviene de la palabra hindú carnero, que significa Dios. Rama está afiliado al arcángel Miguel. Significa gozo permanente. Representa su fijación a la energía de la tierra y a la diosa Gaia. Este símbolo funciona para purificar las áreas de vida, eliminar los bloqueos de energía, limpiar los seis chakras inferiores, revivir su fuerza vital o chi y eliminar las energías negativas.

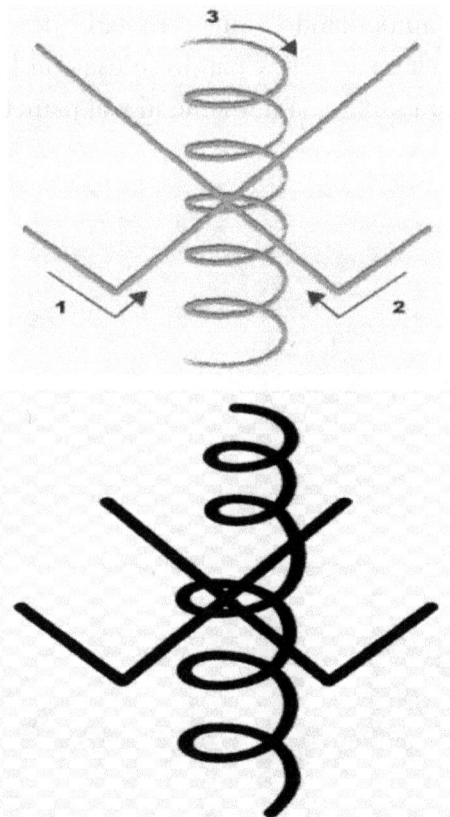

Representación de Rama

Kriya

Pronunciado Kree-Yah, este símbolo significa acción y equilibrio perfecto. Consta de dos símbolos Cho-Ku-Rei uno frente al otro. Es el Reiki para la manifestación en el plano físico y la transformación de pensamientos a la realidad.

Se afirma que comparte una afiliación con los ángeles de la creatividad. Kathleen Milner y William Rand lo canalizaron por primera vez. Cuando se dibuja en el chakra de la corona, elimina la lucha interna, aumentando su voluntad de concentrarse y transformar su idea en acción. Cuando se usa con Hon-Sha-Ze-Sho-Nen, se utiliza para sanar a la humanidad y al planeta.

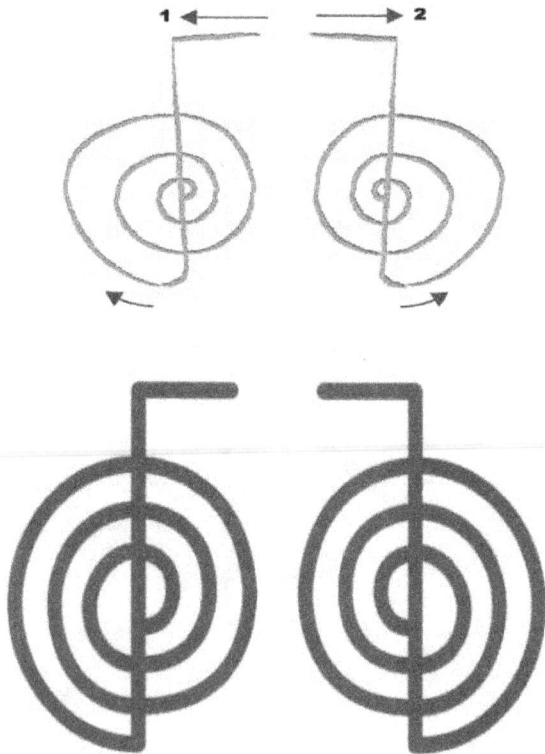

Representación de Kriya

Lava

Este símbolo, pronunciado Ee-Ah-Vah, deshace un velo de ilusiones, mentiras y condicionamientos. Los cuatro elementos, tierra, viento, agua, fuego y espíritu, están representados en este hermoso símbolo de Reiki, que indica armonía e interconexión. Lava activa el fuego interior dentro de usted, le ayuda a resistir la presión social, las creencias supersticiosas y otras influencias negativas, conectándole con su yo más auténtico.

Representación de Lava

Aum (u Om)

Pronunciado Ah-uu-mm, es más que un símbolo sánscrito utilizado en diversas prácticas espirituales. Om es el símbolo maestro de Karuna Reiki. Representa la unidad universal y una conexión con la divinidad. Se considera como el sonido sagrado del universo que incorpora todas las etapas de la manifestación física: creación, preservación y destrucción.

Om funciona para muchos propósitos, incluido el autodominio, la sanación, la meditación, la protección, la sintonía psíquica para el pensamiento enfocado, la purificación y el sellado del aura. Cuando se dibuja en el chakra de la corona, lo inicia en el reino de la conciencia superior. Cuando se usa durante la sintonización de Reiki, abre su canal de energía principal (Sushumna) y el chakra de la corona. Om es uno de los mantras más poderosos que existen.

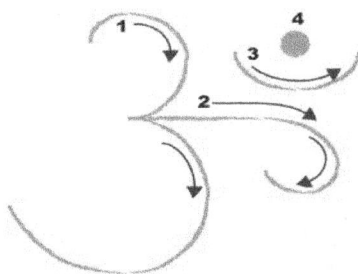

Representación de Aum

Shanti

Se pronuncia shahn-tee, es un símbolo de alta vibración que representa la paz. Utilizado en los chakras tercero a séptimo y sus proyecciones, este símbolo está asociado con los ángeles de la paz, la armonía y el apoyo espiritual. Cuando se usa junto con Sei-He-Ki y Shika-Sei-Ki, crean equilibrio en el medio ambiente. Shanti también ayuda con problemas de autoestima, manifestaciones, insomnio, miedo y ataques de pánico.

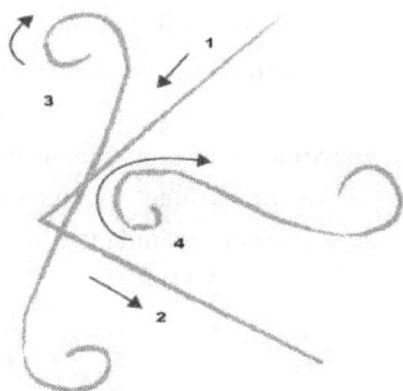

Representación de Shanti

Shamballa Reiki: Símbolos para la Sanación Multidimensional

Esta es otra rama de Reiki con varios símbolos no tradicionales. El término Shamballa describe un reino mítico dentro de nuestro planeta o en otra dimensión. Esta es una rama vibratoria muy elevada de Usui Reiki canalizada por el conde de Saint Germain, un alquimista europeo a John Armitage (también llamado por Hari Das Melchizedek o Hari Das Baba).

Shamballa Reiki posee 352 niveles metafísicos conocidos, derivados de la ciudad perdida de Atlantis, cada uno con su símbolo revelado solo a los practicantes más devotos. Esta rama de Reiki posee más mediaciones en comparación con Karuna Reiki. Los signos ofrecían a los practicantes devotos las energías más elevadas jamás conocidas por la humanidad.

Símbolos de Shamballa Reiki

Mer Ka Fa Ka Lish Ma

Este símbolo es la manifestación de la divina madre o diosa de la tierra. Tiene el poder de realinear e iniciar la sanación a nivel genético y cromosómico. Cuando se usa en el chakra de la corona, le conecta con Reiki. Cuando se dibuja en la columna vertebral, energiza todos los chakras a la vez.

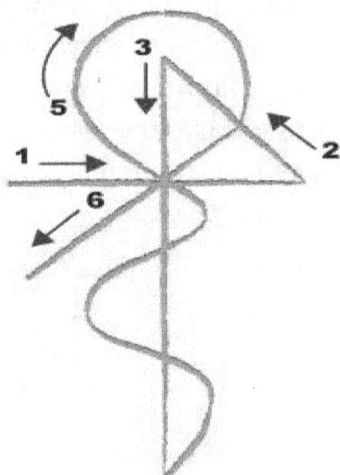

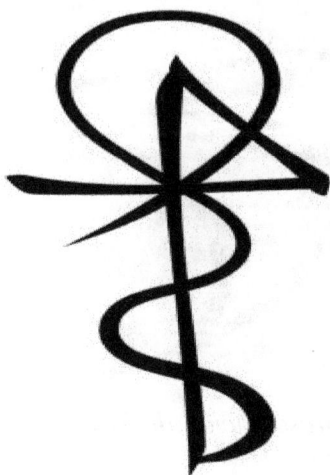

Representación de Mer Ka Fa Ka Lish Ma

Motor Zanon

Se le denomina afectuosamente el símbolo anti-viral. La palabra "motor" significa entrada y "Zanon" significa salida. A esto lo llamo "penicilina" espiritual. No me refiero a que la penicilina sea una panacea, pero estoy seguro de que lo puede entender. Cuando se usa con Cho-Ku-Rei, este signo único puede destruir bacterias, hongos, virus y diversos microorganismos.

Este símbolo se usa comúnmente con Halu para aliviar los síntomas de enfermedades infecciosas. Para sanar las infecciones virales, dibuje un sándwich de Reiki de la siguiente manera; Cho-Ku-Rei + Motor Zanon + Cho-Ku-Rei inverso. De esta manera, la polaridad se invierte y este símbolo arrastra a la bacteria o al virus con él. Algunos practicantes elogian su eficacia en los exorcismos.

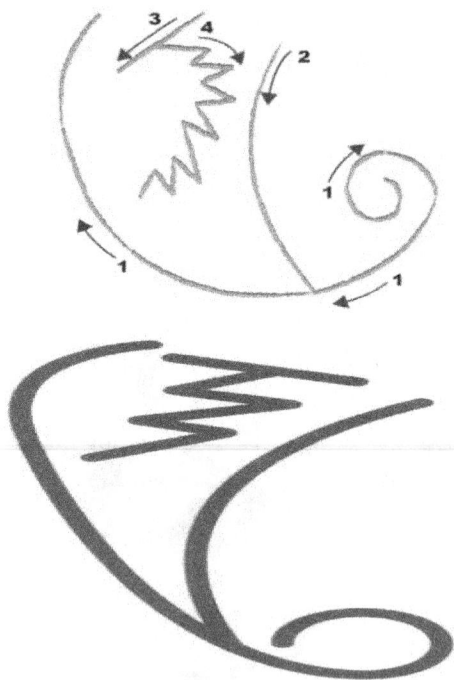

Representación de Motor Zanon

Amsui

Amsui es el símbolo de Shamballa para la realización. Acreditado a Bas Van Woelderen, este símbolo se utiliza cuando necesita adaptarse a nuevas energías y vibraciones en su viaje hacia el despertar espiritual.

Representación de Amsui

Ho Ka O Ili

Este es el símbolo de Shamballa Reiki para el respeto por uno mismo, la realeza y la estima.

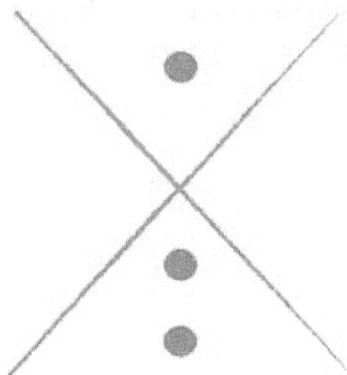

Símbolo Ho Ka O Ili

Abundancia

Este es uno de los símbolos más buscados, pero debe usarlo con precaución. Algunas personas llaman a este símbolo la estrella de Midas. El símbolo de la abundancia funciona para el crecimiento personal, ahuyentar la pobreza, manifestar dinero y riqueza espiritual.

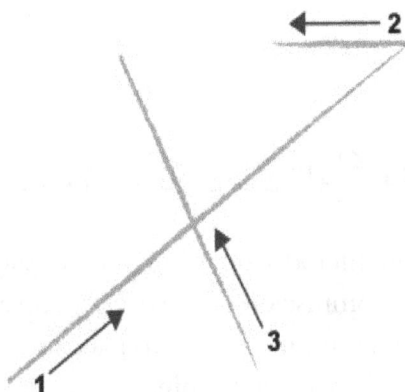

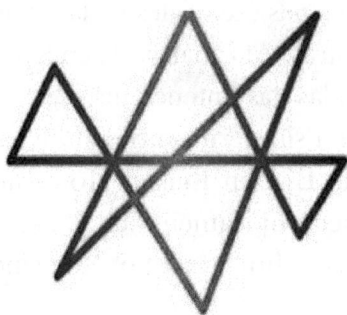

Abundancia   Estrella de Midas

Capítulo Seis: Escaneo Byosen

Reiki puede ser un método de sanación holístico, su energía es infinita, poderosa y omnisciente. Pero es incorrecto y poco ético canalizar Reiki sin el permiso de su paciente y sin realizar un "barrido de energía" para determinar con precisión dónde se necesita Reiki.

Una de las advertencias esenciales en la sanación de Reiki es que su ego debe quedar atrás. Al canalizar la energía, no es una persona, sino un canal, y todas las intenciones se realizan para el bien supremo. Enviar Reiki sin permiso o realizar un Byosen equivale a un "ataque" espiritual. Byosen Reikan Ho es una práctica de Reiki japonesa que se enseña típicamente en Reiki de segundo grado u Okuden. Byosen Reikan ho se compone de cinco kanji japoneses, a saber:

- Byo — enfermedad, padecimiento

- Sen — presente, uniforme

- Rei — espíritu, sagrado

- Kan — impresiones, sensaciones

- Ho — Sistema, método, regla

Al unir todos los kanji, Byosen Reikan-Ho significaría "sistema de impresiones espirituales presentes de enfermedad". Esto es un trabalenguas bastante desarticulado para permitir una comprensión adecuada. Una mejor manera de traducirlo sería "un sistema para sentir las impresiones espirituales de la enfermedad presente".

Byosen es energía negativa acumulada, presente en el sitio de una enfermedad. El método original de Byosen Reikan Ho, como lo enseñó Sensei Usui, no existe como antes. La técnica aprendida en estos días posee una fuerte influencia occidental, pero aún funciona para el mismo propósito. También se diferencia del original debido a los constantes ajustes realizados por los sanadores individuales que han incorporado sus técnicas de detección de enfermedades mediante el escaneo de Byosen.

Los Siete Cuerpos Espirituales y Su Conexión con Reiki

Cada practicante trabaja con ello y se espera que sane los siete cuerpos espirituales de cada paciente. Esto se debe a que los procesos patológicos pueden afectar a otros cuerpos además del físico. Los siete cuerpos que posee todo ser humano son:

Ka: Este es un campo de energía que se asemeja al cuerpo físico, solo que más extenso. Ka se forma y crece antes que el cuerpo humano. El campo de energía de Ka se encuentra a una o dos pulgadas por encima del cuerpo físico. Es con el que más trabajan los practicantes de Reiki.

Cuerpo Pránico: Este cuerpo se extiende más allá del Ka. Se encuentra a varios centímetros por encima del cuerpo físico. Es visible en fotografías áuricas. El estado emocional del ser humano determina en gran medida el tamaño de este cuerpo. Trabajar con este cuerpo es a menudo difícil, especialmente con individuos espiritualmente iluminados. Se decía que Buda, por ejemplo, tenía un cuerpo pránico que se extendía por más de cinco kilómetros. ¿Cómo se trabaja con tal extensión de aura?

Cuerpo Emocional: Este cuerpo es más extenso que el cuerpo pránico y es el banco que alberga todas sus emociones. Este cuerpo puede sufrir bloqueos si las emociones no fluyen con fluidez, como cuando nos aferramos al dolor, la ira, la envidia o la tristeza. Su estrecha asociación con el cuerpo pránico hace que sea difícil saber cuándo termina uno y comienza el otro. Este es el objetivo del cuerpo de los practicantes cuando existe una interrupción en los estados emocionales. La liberación proviene de trabajar con este cuerpo que a veces hace llorar a los pacientes.

Cuerpo Mental: Ligeramente más elevado y más extenso que el cuerpo emocional, el cuerpo mental es la parte de usted que se aferra a imágenes o recuerdos holográficos en el espacio. Este es el cuerpo con el que se conecta cuando visualiza regresiones a vidas pasadas, visualiza el futuro o tiene flashbacks de recuerdos antiguos. Dado que no existe un concepto de tiempo en el reino espiritual, y vivimos todas nuestras vidas simultáneamente, este cuerpo puede ayudarle a acceder a vidas pasadas o futuras con la ayuda de los registros akáshicos.

Cuerpo Astral: Es una cubierta delicada ligeramente más extensa que el cuerpo mental. Como su nombre lo indica, es la parte del cuerpo responsable de las proyecciones o viajes astrales.

Cuerpo Etérico: Este cuerpo trabaja únicamente en el plano etérico. Es infinito, omnipresente y sin densidad. La energía alojada en este cuerpo manifiesta todo lo que deseamos. Cuando existe un período de tiempo entre nuestros pensamientos creativos y la manifestación física, no es porque este cuerpo esté enfermo. Se debe al tiempo que tarda la idea en formarse antes de manifestarse en nuestra realidad tridimensional.

Cuerpo Causal: Este es el más infinito y liviano de los cuerpos. Este cuerpo nos conecta con todos los demás cuerpos del universo.

El Concepto de Byosen y El Fenómeno de Hibiki

Byosen Reikan Ho es un método utilizado para referirse a un escaneo del campo de energía del paciente para detectar desarmonía o áreas de enfermedad. Se lleva a cabo porque los procesos patológicos causan ciertas distorsiones en el campo energético de un paciente. Estas distorsiones o fluctuaciones son las que causan enfermedad o padecimiento.

La sanación de Reiki se basa en la premisa de que la enfermedad tiene raíces mentales y emocionales sutiles. Cada proceso de enfermedad comienza como una idea o pensamiento, que conduce a una firma de energía distinta en el cuerpo etérico. Byosen Reikan-Ho identifica estas firmas de energía y estas áreas dentro del cuerpo del paciente que más necesitan curarse. Dichos sitios proporcionarán una línea de base de información energética, lo que permitirá al practicante planificar las sesiones de tratamiento

La enfermedad puede ser cualquier cosa, desde un hueso roto hasta estrés, ira, tensión, apegos poco saludables, etc. En terminología japonesa, las impresiones se conocen como Hibiki. Hibiki se explica como una reverberación, resonancia o ecos que contienen marcadores de la enfermedad de un paciente. Como seres humanos, es posible que todos compartamos la misma anatomía, pero nuestras diferentes experiencias de vida nos han dado forma a lo que somos actualmente.

Estas experiencias pueden habernos moldeado para mejorar en algunos aspectos y fallar en otros, dejándonos marcas negativas que, al ser ignoradas, podrían conducirnos a ciertas enfermedades. Los ecos que dejan estas marcas son los que se sienten durante una exploración de Byosen, que se realiza antes de una sesión de sanación de Reiki.

Hibiki es la sensación pulsante que los practicantes de Reiki experimentan en sus manos durante una sesión de Reiki o un escaneo Byosen. Lo alerta sobre la sensación de Reiki, estimulando los vasos sanguíneos y los campos de energía del paciente. Estas sensaciones presentes provocan contracciones y expansiones, identificando áreas dentro del cuerpo que necesitan sanarse o equilibrarse.

Por lo tanto, durante una sesión, los practicantes de Reiki deben tener en cuenta a Hibiki. Las irregularidades en las pulsaciones, como las áreas donde los pulsos resuenan con más fuerza o débilmente, indican un proceso patológico. Durante Byosen, usted como practicante debe mantener sus manos flotando sobre el área enferma mientras el Hibiki continúa (de uno a cinco minutos) antes de mover sus manos a la siguiente posición para sanar.

En ocasiones, durante las sesiones de sanación, es posible reflejar las sensaciones o emociones que sienten sus pacientes. Si sienten dolor en un área en particular, también puede sentir dolor en la palma de sus manos, y tienen una liberación emocional, por lo que es posible que su cuerpo y su estado de ánimo lo imiten.

Como enseñó inicialmente Usui Sensei, Reiki se centró ampliamente en la capacidad del estudiante para desarrollar una sensación de distorsiones o Hibiki en el campo de energía de otra persona. Es un arte que parece relativamente fácil, pero no lo es. En aquel entonces, Byosen tardó meses, sino años, en convertirse en experto. Hasta la fecha, se requiere una enorme cantidad de paciencia, disciplina y aplicación constante para dominarlo. Esto puede ser frustrante si tiene poca capacidad de atención o no está acostumbrado a colocarse de manera correcta mientras espera que sucedan las cosas. Con el tiempo y la práctica, se sintonizará con las firmas de energía de los demás.

Las Funciones de Byosen Reikan-Ho

- Proporciona información sobre áreas enfermas.

- Crea un campo de energía curativa en el cuerpo del paciente.

- Le informa sobre las frecuencias de energía presentes en el cuerpo físico y sutil de su paciente.

- Permite que el Reiki fluya sin obstáculos durante el tratamiento.

- Mantiene a los practicantes al tanto de la respuesta del paciente a la energía curativa de Reiki durante el tratamiento.

La capacidad de identificar a Hibiki e interpretar Byosen beneficia enormemente al practicante. Su importancia excede el alcance que puede cubrir este texto. Sin embargo, se pueden leer otros materiales para obtener más conocimientos sobre este tema. Tome en cuenta que Byosen no es una técnica de diagnóstico. Es solo un método para localizar y tratar la fuente de la enfermedad.

Antes de intentar escanear a otra persona, es vital comprender las vibraciones presentes en su campo de energía. Escanear implica desnudarnos en un intento por leer a otro. Como resultado, las sesiones tienen el efecto secundario de fusionar su energía con la de su paciente. Como expliqué anteriormente, esto puede ser agradable o no del todo. No comprender su estado actual antes de entrar en Byosen nos lleva a "malinterpretar" las firmas de energía del paciente.

Niveles de Byosen

Heat: El grado de calidez aumenta más de lo normal. Este calor indica acumulación de toxinas.

Severe Heat: Este nivel de calor es mayor que el primero e incluso puede hacer que las manos del practicante suden. Esto indica un nivel más severo de acumulación de toxinas.

Hormigueo: Puede sentirlo como un pinchazo o una sensación de hormigueo. Esto también puede manifestarse como entumecimiento, zumbido o sensación de tirón. Esto muestra el nivel más alto de acumulación de toxinas y significa un área que sufre de inflamación.

Frío: Puede sentirlo como una sensación pulsante, punzante o una sensación de frío en las manos u otras extremidades. El frío también indica necrosis, muerte de un órgano o problemas emocionales no resueltos.

Dolor: Es el resultado de un aumento de energía en un área, una señal de que existe presión en dicha área, lo que provoca un síntoma negativo en otra parte del sistema. El dolor es el grado más alto de sensación que se siente durante una exploración. El practicante puede sentir este dolor solo en las yemas de los dedos o en toda la mano y los hombros. Es fundamental mencionar que incluso con dolor, el practicante debe mantener las posiciones de las manos requeridas para canalizar Reiki hasta que el dolor ceda o se reduzca, indicando una disminución de Hibiki.

Antes de Efectuar Byosen Reikan-Ho

Antes de realizar Byosen, remueva anillos, pulseras o cualquier otra joya de sus muñecas y dedos. Asegúrese de tener una buena higiene y evite el uso de jabones o perfumes fuertemente perfumados en su cuerpo o manos, ya que algunos clientes pueden ser sensibles a tales olores. Por favor, no consuma alimentos con aroma penetrante o especias como el ajo, ya que algunos pacientes pueden encontrar su olor ofensivo.

Asegúrese de que la temperatura de su sala de Reiki esté regulada de acuerdo con el nivel de comodidad de su paciente. Mantenga las cobijas o los mantos listos por si sienten un poco de frío durante el tratamiento, ya que las fluctuaciones de temperatura son frecuentes durante una sesión.

Cada sesión toma entre sesenta y noventa minutos en completarse, así que asegúrese de que usted y su paciente usen ropa holgada y cómoda. Tome un descanso para ir al baño antes de que comience la sesión para que no lo interrumpa la llamada de la naturaleza a mitad de la sesión.

La comunicación es muy importante antes de Reiki. Sea agradable y amistoso. Muestre empatía y aborde cualquier sentimiento de miedo, ansiedad o incertidumbre en su lenguaje corporal. Responda cualquier pregunta que puedan tener en detalle sobre la sesión. Establecer este nivel de confianza ayuda al paciente a sentirse más cómodo.

Algunas preguntas que puede hacer a su paciente antes de comenzar con Byosen incluyen:

- ¿Cómo se siente hoy?

- ¿Cuál es su estado de ánimo actual?

- ¿Tiene algún padecimiento o problemas de salud en general?

- ¿Tiene alguna expectativa de este tratamiento?

- ¿Cómo es su rutina de sueño?

- ¿Considera que usted se preocupa demasiado?

Estas preguntas podrían ayudar a señalar un área específica para el tratamiento incluso antes de que se realice Byosen. Recuerde, su papel como practicante no es sanar, sino facilitar o guiar a otros para que se curen a sí mismos. Simplemente está apoyando a sus pacientes en su viaje de auto sanación.

No tiene el derecho o las calificaciones como médico para ofrecer un diagnóstico médico. En casos médicos graves, inste a su cliente a que busque el consejo de un profesional médico capacitado de su elección. Solo cuando no cuenten con especialistas médicos específicos, podrá derivar a uno o más que usted conozca.

Dar Inicio a Byosen Reikan-Ho

• Solicite a su paciente que se acueste boca arriba en la mesa de terapia con los brazos sueltos a los lados. Sus piernas deben estar recostadas sobre la mesa, no cruzadas, ya que puede interrumpir el flujo de Reiki

• Coloque sus manos en la posición Gassho o de oración con los pulgares en el chakra del corazón. Respire hondo y agradezca la oportunidad de ayudar a otro y ser un conducto para el Reiki.

• Pronuncie en silencio una intención para el bienestar y la sanación del paciente. Puede decir una oración o una afirmación según su forma de pensar y su sistema de creencias.

• En esta etapa, puede activar cualquier símbolo de Reiki si lo desea. Invoque la ayuda de seres celestiales y maestros pasados. Después, con las manos aún en la posición de Gassho, levántelas hacia el tercer ojo, ofreciendo una oración o afirmación pidiendo que sus manos sean guiadas exactamente a donde su paciente necesita Reiki y a ningún otro lugar.

• Con su paciente acostado de espaldas cómodamente en la mesa de Reiki, coloque su mano no dominante a centímetros de su chakra coronario. Se utiliza la mano no dominante porque es necesario usar una mano donde rara vez se concentra toda su conciencia. Usar su mano no dominante le permite permanecer más sensible a las diferencias en el campo vibratorio de su paciente. Su mano elegida es un nuevo territorio para que su mente se conecte.

• Coloque la mano y la conciencia aproximadamente a treinta centímetros por encima del chakra de la coronilla del paciente y mueva la mano lentamente sobre la cabeza, la cara, el cuello, las regiones de los hombros y hacia abajo del cuerpo. Durante este período de escaneo, asegúrese de que su mano se mueva varios centímetros por encima de la forma del paciente para que sus palmas y la energía de Reiki que se mueva a través de usted se muevan lentamente y con intención hacia el centro de su cuerpo y de lado a lado.

• Continúe Byosen hasta que llegue a sus piernas y pies. Permanezca enfocado mientras busca áreas en su cuerpo que emitan frecuencias de energía inusuales. Mientras pueda, estos cambios de energía pueden manifestarse como diferentes niveles de Byosen.

• Después de agudizar la percepción de su cuerpo, revise sus cuerpos sutiles o aura realizando otro escaneo a unas seis pulgadas o más de su cuerpo. Para ello, levante y baje suavemente su mano no dominante por encima de su cuerpo, pasando las manos de la cabeza a los pies con un movimiento de barrido suave.

Realice lo anterior para eliminar cualquier acumulación de energía superficial que le impida leer Hibiki. Este barrido también armoniza el campo de energía o el aura de su paciente. Al hacerlo, preste atención a sus manos y anote mentalmente los puntos importantes de los sentimientos. De esta manera, puede determinar la ubicación exacta de Hibiki dentro del cuerpo sutil mientras se mantiene alerta a cualquier emisión de energía inusual.

- Una vez determinados los lugares que requieren tratamiento, canalice Reiki a las partes afectadas. Si hay más de una, es natural comenzar con las más afectados y finalizar con las menos afectados. De esta manera, cada parte recibe Reiki dentro del tiempo asignado para la sesión.

Por lo general, los profesionales no encuentran más de dos o tres áreas afectadas. Sin embargo, los casos extremos tienen más de tres regiones que requieren tratamiento.

Puntos Destacados Notables en Byosen

Normalmente, cuando se han determinado las regiones que requieren tratamiento, el practicante comprueba los cuerpos sutiles del cliente que requieren tratamiento. Después, el practicante canaliza Reiki a las áreas afectadas hasta que se detectan cambios de energía, lo que indica sanación. Es recomendable si permaneciera abierto a las señales de energía y la información recibida para evitar la laxitud.

Incluso después de que Byosen se haya completado, escanee a intervalos para comprender la retroalimentación de energía sobre su respuesta general al Reiki. Esto se realiza porque en ocasiones, las obstrucciones y los residuos persisten después de que Reiki se dirige a las áreas principales que necesitan tratamiento.

Comprenda que cada paciente tendrá una experiencia diferente. Es posible que algunos no sientan nada, pero recuerde que el hecho de que no lo hagan, no significa que no haya ocurrido nada. No debe, en ningún momento, estar inseguro de su capacidad para canalizar Reiki. Suponga que Reiki es una botella de vino. ¿Cambia su forma fundamental cuando se vierte en una taza para sorber en comparación con una copa de vino? El vino es vino. Lo mismo ocurre con el Reiki. Reiki fluirá apropiadamente en los niveles requeridos por cada cliente sin importar si es un principiante o un maestro de Reiki.

Confíe en el poder del Reiki y continúe escaneando y usando diferentes colocaciones de las manos. Algunas colocaciones permiten que Reiki fluya mejor que otras. En casos como este, respire profundamente y visualice el Reiki fluyendo sin impedimentos una vez más. Tenga cuidado de no adoptar colocaciones de las manos que causen sentimientos de miedo, dolor, incomodidad o malestar. Algunos de estos incluyen tocarse la garganta, lo que puede provocar temores de estrangulamiento. En muchos pacientes, tocar el área del pecho puede parecer una invasión del espacio personal.

Concluir una Sesión

Cuando termine de escanear y concentrar la energía para el tratamiento, concluya la sesión de sanación haciendo un barrido final. Este barrido despeja cualquier forma de residuos energéticos que surgieron durante el Reiki. Mientras recorre el aura, pronuncie la intención de que las energías negativas del paciente se transformen en positivas. Puede barrer de tres a cuatro veces, dependiendo del tiempo que le quede para la sesión. Recorra todo el cuerpo de su paciente lenta y suavemente. Mientras su mano está suspendida, imagine un rayo de luz que sale de sus palmas para revitalizar su energía y alinear sus chakras, llevándolos a un estado de bienestar.

Asegúrese de que sus exploraciones y barrido de aura terminen hacia sus pies. Esto les ayuda a mantenerse firmes. Cuando se complete el barrido, levante las manos a la posición de Gassho y pronuncie una oración mental final a los cielos, los seres divinos y los maestros de Reiki pasados por permitirle convertirse en un canal adecuado para brindar salud a su paciente. Además, mentalmente, agradézcales por permitirle realizar Reiki para su mayor bien.

Lave sus manos con agua corriente fría para cortar el flujo de Reiki e informar a su paciente que la sesión ha finalizado. Comente en voz baja que se levante cuando esté listo, ya que levantarse apresuradamente puede ser un poco desestabilizador. Puede ofrecerle un vaso de jugo o agua. Se recomienda realizarlo debido a que las sesiones de Reiki pueden ser tan relajantes que las personas olvidan aspectos del cuidado personal. Los líquidos ayudan a eliminar aún más las toxinas liberadas por la sesión.

Contraindicaciones de Reiki

• No es aconsejable administrar Reiki a una persona que padece diabetes mellitus (diabetes tipo 1). Estos pacientes reciben inyecciones de insulina y puede reducir la cantidad de insulina que necesitan a diario.

• Nunca le dé Reiki a un paciente implantado con un marcapasos, ya que la energía tiene el poder de alterar su ritmo debido a sus propiedades electromagnéticas.

• No le dé Reiki a personas que reciben quimioterapia o radioterapia. Aunque puede ayudar a reducir el dolor que es parte del proceso de tratamiento del cáncer, también elimina las toxinas. En este caso, las toxinas son los fármacos quimioterapéuticos o la energía de radiación que funciona como parte del tratamiento. Limpiarlos podría dañar la terapia contra el cáncer.

• Las personas bajo anestesia no deben recibir Reiki porque están bajo la influencia de medicamentos que les ayudan a dormir durante un procedimiento quirúrgico. La administración de un tratamiento puede eliminar el cuerpo de este medicamento y despertarlo durante la cirugía.

- Con una fractura, los pacientes no deben recibir Reiki hasta que el hueso esté correctamente asentado. Activa la curación natural del cuerpo. Puede hacer que los huesos se fusionen antes de que estén correctamente alineados.

- Se debe tener precaución al tratar a pacientes epilépticos, ya que la energía de Reiki puede causar convulsiones.

- Durante el primer trimestre del embarazo, es mejor no exponer al feto al Reiki, ya que el bebé está en riesgo y en la flor de su desarrollo. Una vez que finaliza el primer trimestre, no hay riesgo de complicaciones graves y las mujeres embarazadas pueden recibir tratamiento.

- Los pacientes con enfermedades mentales deben recibir autorización médica antes del tratamiento. Esta advertencia es especialmente crucial para los pacientes esquizofrénicos, ya que los síntomas pueden aumentar a corto plazo y causar angustia.

- Los dispositivos auriculares deben removerse antes de los tratamientos, ya que Reiki podría causar aullidos o aumentar la retroalimentación del sonido. Pueden usar estos aparatos una vez finalizado el tratamiento.

- Se recomienda que los pacientes que toman medicamentos para la tiroides o la presión arterial deben tener cuidado antes de recibir el tratamiento, ya que las sesiones de equilibrio de energía que acompañan a las sesiones pueden alterar los niveles de presión arterial y la regulación de los medicamentos en el cuerpo.

La energía de Reiki es universal y trabaja para un bien mayor. Sin embargo, algunas situaciones pueden ser bastante delicadas y se debe consultar a un médico antes de programar cualquier tratamiento de Reiki.

Capítulo Siete: Trabajar con Cristales

Los cristales son más que adornos brillantes. Geológicamente, los cristales son minerales que se encuentran de forma natural en la naturaleza. Estas sustancias inorgánicas poseen estructuras o geometrías cristalinas específicas. La combinación de sus elementos químicos determina las propiedades químicas de cada piedra. Existen alrededor de tres mil tipos de cristales conocidos, algunos de origen natural y otros sintéticos.

Los cristales de origen natural están formados por lava volcánica, magma, gases y sedimentación en lechos de sal de océanos, lagos o ríos. En comparación, los cristales sintéticos se cultivan en un laboratorio.

Los cristales se han utilizado desde la antigüedad para prácticas rituales, mágicas y curativas. Actualmente, se encuentran en todas partes, desde cuarzo en máquinas de ultrasonido, guitarras eléctricas, micrófonos, relojes inteligentes y radios, hasta cristales de silicio utilizados en chips de computadora, teléfonos celulares y televisores, hasta los cristales de grafito triturados en su lápiz favorito. Las personas los obtienen como piedras decorativas o para el Feng Shui en sus espacios de vida o de trabajo, mientras que otras los trituran hasta convertirlos en un polvo fino para obtener remedios holísticos o productos de belleza.

Distinguir entre Cristales, Rocas y Gemas

Vayamos directamente a conocer por qué una piedra no es solo una piedra. La química enseña que los elementos son los componentes químicos básicos de la tierra. Algunos elementos que usa o utiliza a menudo incluyen plata (Ag), aluminio (Al) y oro (Au).

Dos o más elementos se combinan en la naturaleza o en un laboratorio para formar un mineral. Por ejemplo, el sodio y el cloro de la sal de mesa, el silicio y el hierro forman calcedonia roja, el silicio y oxígeno en diferentes composiciones forman cuarzo transparente y calcedonia, y el boro y el silicio forman turmalina.

Un cristal es un sólido definido que consiste en un patrón repetido de minerales en un orden fijo para crear una forma cristalina. Estas formas pueden ser cúbicas, ortorrómbicas, monoclínicas, etc., dependiendo de la simetría de las celdas unitarias. Lo que sucede con los cristales es que son un poco exigentes con su entorno. Si no se brindan las condiciones ambientales adecuadas cuando los minerales están presentes, nunca se formarán cristales.

Una gema se forma a través de materia orgánica o mineral. Las piedras preciosas son minerales raros de la más alta y pura calidad; a veces son cristalinos, en ocasiones no del todo; los ejemplos son la perla y el ónix. Las gemas típicas forman una marca considerable en su billetera o tarjeta de crédito, pero es recomendable porque se ven hermosas después de ser cortadas y pulidas profesionalmente.

El estudio de las gemas es gemología. No quiero volverme experto demasiado rápido, pero las piedras preciosas se clasifican en función de su tamaño, rareza y dureza. Por lo tanto, tenemos gemas preciosas como diamantes, zafiro, ágata, berilo, jaspe, rubí y esmeralda, y semipreciosas como granate, ópalo, citrino, amatista.

Las rocas están hechas únicamente de agregados de minerales homogéneos y se presentan en diferentes formas. No tienen una composición química o mineral única, con tamaños que van desde gravilla hasta montañas. Las rocas comunes son granito, piedra caliza, basalto y arenisca. Si bien no todas las rocas se pueden cortar, pulir y considerar valiosas, ciertas rocas como el lapislázuli, la turquesa y la azurita son codiciadas.

Cristales: ¿Falsos o Genios?

La red de cada cristal comprende átomos y moléculas en ubicaciones específicas. Su disposición molecular determina sus propiedades físicas y químicas. Los átomos en la ciencia son el núcleo o las unidades primarias de energía. Las partículas de cada cristal vibran o resuenan a frecuencias únicas que se interpretan como cualidades o sentimientos.

Nikola Tesla había declarado que los secretos del universo estaban envueltos en vibraciones, energía y frecuencia. Años más tarde (en 1905), Albert Einstein nos proporcionó su teoría de la relatividad, explicando la relación entre materia y energía. Un siglo después, Laurent Lellouch, un físico francés, realizó cálculos basados en la teoría de la relatividad de Einstein para demostrar la conversión de masa en energía a un nivel subatómico.

Marcel Vogel, un científico de IBM, proporcionó la primera prueba científica del poder de los cristales. Estudió cristales bajo un microscopio y observó que tomaban la forma de lo que estaba pensando. Concluyó que esta propiedad era el resultado de la formación de bandas y la disolución de las moléculas en su estructura, lo que les permitía emitir vibraciones a una frecuencia constante. Vogel también observó el cuarzo transparente para descubrir su poder metafísico de almacenar pensamientos, como la forma en que las grabadoras de sonido almacenan el sonido.

Los seres humanos, como los cristales, también están formados por átomos y moléculas. También vibramos en nuestras frecuencias. Estas frecuencias determinan nuestro estado de ánimo, niveles de energía o bienestar. Cuando estamos felices, vibramos a una alta frecuencia, lo que sirve como "desestresante" y promueve la vitalidad. Cuando estamos tristes o enfermos, tenemos bajas vibraciones. Esta es la razón por la que sus estados de ánimo y niveles de energía, como los bostezos, son contagiosos.

Al estar cerca de un cristal específico, sus vibraciones le afectan.

Estas vibraciones podrían estimular los impulsos nerviosos eléctricos o canalizar la energía a través de sus vías de energía (chakras). La vibración cristalina también puede afectar el metabolismo celular, glandular o tisular. Estas vibraciones impactan positivamente su bienestar mental, físico y espiritual. Cada cristal posee propiedades específicas para la mente, el cuerpo y el alma. Algunas funcionan bien por sí solas, otras funcionan mejor cuando se amplifican con otras piedras, y algunas piedras se niegan entre sí cuando se usan juntas. Por lo tanto, es fundamental comprender las propiedades de cada cristal antes de intentar trabajar con ellos. No es de extrañar que exista todo un campo dedicado al estudio del poder de los cristales, llamado cristalografía. Esta ciencia por sí sola es la única ganadora de 28 premios Nobel.

Los Beneficios de los Cristales

Escuche su Intuición: El siglo XXI nos tiene a todos atrapados, viviendo la vida como monos corporativos. Algunas personas viven en sus escritorios, con dosis de cafeína dos veces al día (o más) para pasar el día y no se preguntan por qué el reloj va tan lento. Confiamos en el mantra, "Si no está roto, no intente arreglarlo". Como individuos naturalmente intuitivos, necesitamos escuchar los destellos de percepción y nuestra voz interior. Los cristales tienen un poder excepcional para ayudarnos a pensar más allá. Sabrá cuándo es el momento de hacer un cambio o dejar su infierno corporativo y comenzar algo nuevo. Dejará la rutina y entrará en su mundo intuitivo, lo que le llevará a cosas mejores.

Ayuda a Aumentar Su Nivel de Concentración: Nuestro cerebro nunca se apaga por completo, excepto cuando dormimos. Algunas personas han encontrado formas creativas de evitar ese proceso natural. Los cristales pueden ayudarle a concentrarse el tiempo suficiente para meditar, visualizar para el éxito y dirigir sus energías en la dirección de su mayor beneficio.

Disolver el Bloqueo Emocional: Probablemente debe haber pasado por una forma de trauma u otra. Si no lo ha hecho, está teniendo un golpe de suerte increíblemente extenso. La obsidiana ofrece protección contra el bloqueo emocional, las emociones reprimidas y la sanación de la adicción.

La piedra lunar es excelente para calmar las emociones. La amazonita ofrece curación y crecimiento emocional. La cornalina ayuda con el abuso, la celestita despierta el faro de la esperanza, mientras que la calcita rosa le permite encontrar el amor en medio de la desesperación. Tener los cristales adecuados es un paso seguro para sanar y seguir adelante.

Elimina la Energía Negativa de las Personas y los Espacios: ¿Alguna vez ha entrado en una habitación en la que se sintió atrapado? ¿Como si estuviera asfixiado espiritualmente incluso cuando las ventanas están abiertas? O tal vez ha conocido a alguien que se siente tan mal que quiere evitarlo. Eso es mala energía en acción.

La turmalina negra, la selenita, la prehnita, la apofilita, el cuarzo transparente, la escapolita violeta y la fluorita arcoíris son cristales excelentes para eliminar las malas vibraciones y protegerle de la negatividad futura. Si descubre que no puede evitar mantener un espacio desordenado, los cristales de dumortierita y percebe pueden ayudarle a mejorar sus habilidades organizativas.

Aumente la Energía y la Productividad: Algunos días, no puede evitar no levantarse de la cama. Quizás para usted, esto es algo cotidiano. Tal vez no sea una persona madrugadora o no pueda explicar sus sentimientos de letargo. Si se ha sometido a pruebas que confirman que se encuentra en las mejores condiciones de salud, algunos cristales pueden ayudarle con entusiasmo y confianza.

La cornalina es mejor que el típico café tostado de la mañana. Los rubíes aumentan la resistencia y el flujo sanguíneo. La amatista le ayuda a superar el agotamiento. La piedra de sangre le mantiene alejado de los elementos que le impiden experimentar positividad.

Crear Paz Interior: Debe haber algo en lo que esté pensando en este momento. Ese pensamiento probablemente le ha robado la sonrisa, el sueño y la sensación de paz. Sea lo que sea, la hematita, lepidolita, ágata de encaje azul, angelita, jaspe kambaba, larimar, calcita de Mangano y ágata de árbol son algunos cristales que puede usar para mantenerse conectado a tierra, encontrar el equilibrio y ayudarle a mantener la calma durante las tormentas de la vida.

Comprar Cristales y Limpiarlos

Existen muchos lugares para comprar cristales. Puede encontrar gemas en línea a través de un minorista local, tiendas metafísicas, subastas en línea e incluso tiendas de regalos en el aeropuerto. Comprar gemas en las tiendas es lo más recomendable. De esta manera, puede observarlos de cerca, sostenerlos en la palma de su mano y sentir si vibran con usted.

Los cristales son como varitas. Ellos lo eligen; no los escoge usted. Si compra en línea, tenga cuidado con los vendedores falsos y las gemas no auténticas a precios exagerados. Realice preguntas sobre si las piedras preciosas han sido teñidas, irradiadas o recubiertas con petróleo o aceite. Existen muchas historias de comerciantes de piedras preciosas que intentan hacer pasar gemas falsas como piedras naturales.

Para limpiar los cristales, puede elegir una o más de estas opciones:

• Colóquelos bajo la luz de la luna llena por una noche o bajo la luz solar directa por no más de 15 minutos.

• Páselos a través del humo de cedro, hierba dulce, lavanda o salvia blanca.

• Sosténgalos en sus palmas y canalice la energía de Reiki para limpiar la piedra.

• Colóquelos en un recipiente que contenga agua de mar, luego enjuáguelos con agua corriente y déjelos secar al aire.

• Entiérrelos en tierra fresca o arroz integral orgánico crudo. Deseche la tierra o el arroz o conviértalo en abono después de su uso.

• Coloque los cristales sobre selenita aplanada, cuarzo transparente o amatista durante no más de cuatro horas.

• Limpie los collares con cristales incrustados con un paño húmedo para no deteriorar la cuerda o la cadena.

La limpieza de los cristales depende de la frecuencia y la duración del trabajo con ellos, además de la razón por la que los usa. Si son piedras de meditación, puede limpiarlas semanalmente. Si los usa a diario o duerme con ellos por la noche, debe limpiarlos a diario. Cuanto más a menudo utilice sus cristales, estará más sintonizado con ellos. De esta forma, sabrá intuitivamente cuándo limpiarlos.

Después de limpiarlos, guárdelos en seda negra o roja. También puede usar un paño de terciopelo sintético o una bolsa con cordón. Para piedras más voluminosas, guárdelas en vitrinas o cajas separadas entre sí para evitar daños.

Nunca los coloque cerca de ventanas porque la luz del sol puede dañar o atenuar su apariencia. Le aconsejaría que los mantenga alejados de animales pequeños y áreas donde pueden manipular los campos de energía de otros sin su consentimiento. Las piedras de manifestación deben mantenerse fuera de su alcance.

Carga de Cristales

Existen diversas formas de cargar cristales. Puede utilizar la luna llena, 5 minutos de luz solar directa, agua de mar, sal de roca, cuarzo transparente, eclipse solar o lunar, o enterrarlo en la tierra.

Este texto solo explicará cómo brindarles un impulso de Reiki. Cada cristal tiene su energía, pero puede programarlos con el Cho-Ku-Rei y cualquier símbolo de Reiki que coincida con su intención. Si usted es un maestro de Reiki, puede sintonizar el cristal con el símbolo maestro, para que se convierta en un cristal maestro.

Geometría Cristal

La geometría cristal es un grupo de cristales colocados en un patrón establecido (generalmente geométrico) en un área determinada y programados con una intención específica. La geometría es un método para aumentar el poder de los cristales. Al igual que una sola piedra es poderosa, el uso de varias piedras similares o diversas piedras con cualidades metafísicas similares aumentará su poder a pasos agigantados. Las gemas que incorpora a una cuadrícula dependen de la disponibilidad, la elección y, lo que es más importante, su intención para la cuadrícula.

Por lo general, la piedra central debe ser más grande que el resto que la rodea. Puede utilizar cuadrículas por muchas razones. Entre ellos, son populares las geometrías de manifestación, limpieza, protección y curación. Su patrón geométrico podría estar en un cuadrado, rectángulo, hexágono, romboide o una disposición más compleja como un mandala.

Creando una Geometría Cristal

- Asegúrese de que sus cristales estén limpios y cargados antes de comenzar.

- Elija su piedra central. Su pieza central es la que posee la cualidad principal que pretende manifestar. Podría tener una forma diferente, un tipo diferente o cortarse de otros cristales en la cuadrícula.

- Seleccione su patrón. Independientemente de la simetría que elija, coloque los cristales equidistantes a la piedra central. Por ejemplo, en una cuadrícula, puede usar cinco piedras que comprenden una piedra central y cuatro piedras en cada esquina, todas colocadas a la misma distancia de la piedra central.

- Después de formar la cuadrícula, utilice su dedo índice para trazar una línea imaginaria de una piedra angular a la siguiente y desde el cristal central a cada una de las circundantes. Estas líneas formarán "rayos" imaginarios o líneas de cuadrícula de energía.

- Colóquela en la posición establecida, pero recuerde limpiarla y cargarla al menos una vez a la semana para renovar su energía. Repita los pasos 1 a 4 después de la limpieza durante la semana.

Ejemplos de Geometría Cristal

- **Amor:** Un gran cuarzo rosa + turmalina rosa o rodocrosita y cuarzo transparente (una piedra amplificadora de energía).

- **Abundancia:** Un gran citrino + ojo de tigre o aventurina.

- **Armonía y Paz:** Una gran amatista + aguamarina o sodalita.

Elegir y Usar Cristales en Reiki

Existen dos maneras principales de elegir un cristal:

- Intuición

- Intención

Al elegir intuitivamente, se sentirá atraído por un cristal en particular. Sus energías le llamarán. Lo sostiene y le hace sentir algo. Por ejemplo, cuando se le brindan dos anillos de esmeraldas, preferirá una piedra a la otra. Su preferencia está más allá del corte, pulido y brillo puro de la piedra.

Es solo un presentimiento. Debo advertirle que cuando compra intuitivamente y elige un cristal, la sensación no siempre es buena. A veces, podría sentirse mal o triste. Puede que haya problemas emocionales sin resolver que plantean los cristales. Cuando se resuelven estos problemas, volverá a ser una piedra para que le hará sentir.

Confíe en su intuición para conectarse con una piedra cuya energía vibratoria es la panacea que necesita. Si elige por intención, significa que tiene una necesidad o desafío particular que desea resolver. Esto podría ser cualquier cosa, desde problemas en una relación o dinero hasta controlar su temperamento o canalizar la creatividad.

Los problemas de pareja se benefician del cuarzo rosa, el granate y la morganita. Aborde los problemas económicos con citrina, pirita y aventurina verde. Puede calmar los ánimos con una piedra de sangre, cuarzo ahumado, howlita, peridoto y amatista. Los impulsores de la creatividad incluyen cornalina, ametrina, iolita, diamante herkimer y cuarzo mandarina, entre otros.

No todos practican Reiki de cristales. Sin embargo, algunos practicantes combinan la sanación con cristales y Reiki para amplificar los efectos y la experiencia de sanación holística. Dado que cada gema posee una firma de energía única, es esencial discutir los siete canales de energía del cuerpo y los cristales que resuenan con ellos.

- **Chakra de la Raíz (Rojo, Negro, Marrón y Gris):** Piedra de sangre, ónix, jaspe rojo, rubí, granate rojo, hematita, obsidiana, cuarzo ahumado. Asociado con energía de gran pasión, buena fortuna y mantenerse conectado a la tierra.

- **Chakra Sacro (Naranja):** Piedra lunar, cornalina, coral, calcita naranja. Está asociado con la aceptación, el placer, el bienestar.

- **Chakra del Plexo Solar (Amarillo):** Citrino, topacio, zafiro amarillo, ámbar, ojo de tigre. Asociado con fuerza, vitalidad, alegría, autoconfianza, intelecto y autoestima.

- **Chakra del Corazón (Verde y Rosa):** Morganita, ágata musgo, jade verde, cuarzo rosa, turmalina sandía, kunzita, esmeralda, aventurina, turmalina rosa y verde, malaquita, mica, hierro tigre. Asociado a la alegría, la paz interior, el amor incondicional, la aceptación total de los demás.

- **Chakra de la Garganta (Azul):** Sodalita, apatita, turquesa, angelita, lapislázuli, aguamarina, amazonita, cianita azul, crisocola, ágata de encaje azul, calcedonia, zafiro azul. Asociado con autenticidad, sabiduría, protección, comunicación y lealtad.

- **Chakra de la Frente (Azul Oscuro o Índigo):** Tanzanita, lapislázuli, sodalita, calcita, cuarzo. Ajna está asociado con la lógica, la racionalidad, la comunicación, el enfoque y la creatividad.

• **Chakra de la Corona (Púrpura, Blanco, Transparente):** Selenita, labradorita, ámbar, alejandrita, amatista, cuarzo transparente, alejandrita, fluorita, diamante. El chakra de la corona está asociado con el conocimiento, la sabiduría divina y la conciencia espiritual.

Muchos de los cristales que se usan en energía o sanación de Reiki son adecuados para el bolsillo. Puede encontrarlos en bolas de cristal, varitas o puntas. Las bolas de cristal son reconocidas por ser la herramienta del oficio solo para adivinos y gitanos. La sanación energética se usa para refutar esa teoría. Si encuentra el cristal que necesita recubierto en una bola de cristal, puede tomarlo.

Como su nombre lo indica, las varitas de energía son cristales o gemas cortados y moldeados para parecerse a un bastón afilado. Puede cargar estas varitas con energía Reiki grabando pequeños símbolos de Reiki en ellas. De esta manera, puede canalizar Reiki de manera aún más eficaz. Algunos cristales se han formado para terminar con puntas afiladas. Durante Reiki, se apartan del paciente para desviar la negatividad o se vuelven hacia el paciente para mejorar la positividad.

En las sesiones de Reiki, puede utilizar cristales para complementar o amplificar la energía de Reiki. A continuación, se muestran algunas formas de lograrlo:

• Colóquelos en puntos estratégicos de la habitación para realzar el Reiki.

• Colóquelos debajo de la mesa de Reiki. La energía se transfiere desde el fondo de la mesa hasta la habitación y su paciente.

• Puede usarlos como joyas. De esta manera, Reiki se amplifica a medida que pasa a través de usted.

• Puede otorgar uno o dos cristales a su paciente para que los sostenga. Dependiendo de su intención para la sesión, algunas piedras se sostienen mejor en la mano dominante y otras en la mano no dominante.

• Colóquelos en los centros de energía de su paciente para generar elevación y comodidad.

Para comprender mejor cómo usar cristales en Reiki, puede buscar textos avanzados de Reiki sobre cristales, cursos en línea o encontrar un libro sobre cristalografía.

Capítulo Ocho: Modalidades de Reiki No Tradicionales

Hoy en día existen miles de modalidades de Reiki. Muchos textos y sitios web hablan de solamente veinte. Las modalidades de Reiki también se denominan tipos, ramas, escuelas o sistemas. No permita que los nombres le engañen. Son todos iguales.

Las ramas de Reiki se refieren a una forma particular en que un maestro imparte conocimientos de Reiki, o los elementos específicos enseñados por una escuela u organización. Muchos sistemas de Reiki son derivados de Usui Reiki, mientras que otros existieron mucho antes de Mikao Usui. Agregar nuevas funciones a una rama existente crea una completamente nueva.

Ramas de Reiki No Tradicionales

Jikiden o Reiki Occidental: Son escuelas específicas de Reiki desarrolladas en la India contemporánea. Esta forma de Reiki incorpora temas como la sanación del aura, la curación de los chakras, las deidades hindúes y diversos elementos tibetanos y de yoga. No tiene influencias del Dr. Hayashi. Aunque Jikiden y el Reiki Occidental se originan en el Reiki de Usui Sensei, son diferentes. Tanto como Jikiden, y el Reiki Occidental, es una práctica espiritual utilizada en el tratamiento físico. Cuando un sanador de Jikiden capacitado canaliza la energía que irradia, los síntomas de dolencias como quemaduras, raspaduras, picaduras, dolores de muelas e incluso la recuperación de cirugías pueden aliviarse.

Beneficios de Jikiden

- No es confesional, lo que significa que no afecta la religión que eligió.

- Es no invasivo, delicado y calmante.

- Ayuda a aliviar los dolores de parto y acelera la curación de las lesiones.

- Jikiden ayuda con las adicciones y todas las formas de trauma psicológico,

Reiki Tibetano: Esta es otra rama de Reiki fundada en la doctrina de Usui Reiki. El Reiki tibetano fue desarrollado por primera vez por Iris Ishikuro, una estudiante y prima de Madam Takata. La membresía de Iris con Johrei Fellowship y los estudios con su hermana en un templo tibetano en Hawai demostraron influir en esta forma de Reiki, un sistema que ella llamó Raku Reiki.

El sistema de Iris surgió de su insatisfacción con las altas tasas de sintonización de Reiki de tercer grado de su prima. Por esta razón, logró que Raku Reiki fuera asequible para todos. Entrenó solo a dos maestros: su hija Ruby y Arthur Robertson. Robertson enseñó Reiki en los años 80 y se le atribuye la fundación del Reiki tibetano.

Existe la creencia de que el Tíbet es la fuente secreta de toda la sabiduría espiritual y que el Reiki tradicional es una forma antigua, aunque olvidada, de curación holística tibetana. Los argumentos a favor de ello superan a los que están en contra. Muchos historiadores afirman que los cuatro símbolos originales de Reiki en Usui Reiki son símbolos místicos tibetanos secretos. Robertson también dominó el chamanismo tibetano y lo enseñó con Raku Reiki.

Reiki Seichim: Seichim (pronunciado say-keem) se origina en la antigua palabra egipcia sekhem, que significa energía y poder o poder de poderes. Esta forma de Reiki se originó en Egipto y fue redescubierta recientemente. Como Usui Reiki, la energía en Seichim se recibe a través del chakra de la corona y se canaliza a través de las manos.

La práctica tal como la conocemos hoy comenzó con Patrick Ziegler, un estadounidense que visitó Egipto en 1970. Ziegler experimentó espontáneamente Seichim como una luz azul en espiral con forma de símbolo del infinito en las grandes pirámides de Giza, el mismo lugar donde fue iniciado. Los historiadores argumentan que Ziegler se basó en gran medida en Usui Reiki Ryoho para elaborar Seichim desde la práctica, desde los símbolos hasta las sintonizaciones. Solo las energías son singularmente diferentes.

Seichim es una forma de arte curativa práctica, antigua y sagrada que transforma la energía de forma no invasiva. Trabaja con la conciencia superior del practicante para garantizar el bienestar de los cuerpos psíquico, físico y emocional. Predica la armonía, el amor, el equilibrio y la verdadera iluminación. No importa cuáles sean los orígenes de Seichim, posee sus vibraciones. Es la forma poderosa e intuitiva de energía femenina en comparación con el Usui Reiki más masculino.

El primer estilo de Seichim está cerca de Usui Reiki, con cuatro sintonizaciones en el primero en comparación con tres en el segundo. El segundo estilo tiene raíces egipcias con dos facetas. Cada faceta tiene once pasos y cuatro niveles. El tercer estilo tiene raíces tibetanas con tres niveles.

Posteriormente, Ziegler inició a Tom Seaman, un estadounidense originario de Idaho. Juntos, se encontraron con un maestro Seichim del sur de la India llamado Marat. Transmitió el conocimiento antiguo de Seichim tal como lo transcribieron los jeroglíficos por los budistas de ese período y lo exportaron a Japón e India.

Reiki Chamánico: El chamanismo se origina en Saman, una palabra manchú-tungus que significa "el que sabe". No es una religión organizada o una ideología formal, sino una práctica espiritual que incorpora la energía de las fuerzas naturales expandidas y las realidades espirituales para crear armonía para nosotros y los demás. El reiki y el chamanismo son poderosos sistemas de sanación espiritual individuales. Cuando se combinan, son una fuerza a considerar.

Un chamán es un individuo que, en un estado alterado de conciencia, puede viajar por el espíritu o los reinos de otro mundo para recibir mensajes y efectuar cambios que se manifiestan en el plano físico. También poseen la capacidad de recuperar energía, sabiduría y poder de otros mundos. El Reiki chamánico aumenta su conciencia de la unidad con todo lo que existe, le ayuda a alinearse con su conciencia más elevada y explora vibraciones únicas para usted.

Esta forma de Reiki también le ayuda a encontrar el camino de su vida, equilibra y mide sus centros de energía. También aumenta su conexión con la Fuente, con uno mismo y con los demás. Todas las partes de usted, ya sea la programación mental del día a día, las experiencias de vidas pasadas o los desafíos del presente, se benefician de este Reiki. El Reiki chamánico es reconocido por la recuperación del alma, un proceso en el que la esencia de su ser o la energía perdida se recupera de otro reino y se le devuelve.

La pérdida del alma generalmente se sospecha cuando alguien se siente vacío por dentro y ha perdido toda esperanza de vida. Los problemas de la vida presente pueden causar este problema, o una deuda kármica arrastrada de una vida anterior. La recuperación del alma es un proceso complejo que requiere múltiples sesiones, pero brinda un cambio positivo indirecto cuando se completa.

En los niveles 1 y 2, se activa como sanador y se conecta a la Fuente a través de la alineación con nuestras raíces más primitivas, comunicándose y conectándose con guías divinos, ayudantes y maestros pasados para invocar las fuerzas de la naturaleza para su empoderamiento, sanación y el bienestar de los demás.

Reiki Karuna: La palabra karuna es una palabra sánscrita que significa "acción compasiva para aliviar los sufrimientos de los demás". Aunque es un término común en el hinduismo y el budismo, Karuna es la más antigua de las formas no tradicionales de Reiki. Fue construido sobre los cimientos de Usui Reiki y creado formalmente en el siglo XX (en algún momento de 1989) por Marcy Miller, Kathleen Milner, Maria Abraham, Mellie-Ray Marine y Pat Courtney, y posteriormente desarrollado por William Rand.

Rand recibió a Karuna en forma de símbolos. Él, junto con algunos estudiantes, experimentó con diferentes procesos de sintonía para coincidir con cada signo.

Anteriormente denominado Sai Baba Reiki, este sistema de Reiki fue desarrollado siguiendo un llamado al universo para completar los vacíos dejados por Usui Reiki. Karuna está envuelto en más misticismo que cualquier otra rama o Reiki, y los símbolos tienen múltiples funciones.

Las vibraciones de Karuna son tan elevadas que le ayuda a conectar con maestros ascendidos, ángeles y otros seres divinos. Cuando se usa junto con los símbolos tradicionales, su poder de Reiki se amplifica al enésimo grado. Karuna Reiki sirve para muchos propósitos, algunos de los cuales incluyen:

- Liberación de bloqueos kármicos.

- Conectar a un estado de mayor conciencia.

- Despejar bloqueos mentales y controlar adicciones.

- Disolver los comportamientos de autos abotaje y los patrones inconscientes de su yo oscuro.

- Aumento de la creatividad.

- Ayudar con la sanación y la construcción de relaciones.

- Sanación de traumatismos a nivel celular y subcelular.

- Alineación de chakras inferiores.

- Eliminar la negatividad.

- Brindar poder para alcanzar sus metas.

Este curso de Reiki tiene tres sintonizaciones, cuatro símbolos maestros y alrededor de ocho símbolos de tratamiento, cada uno con frecuencias únicas que brindan esperanza y sanación.

- Karuna I — Zonar, Halu, Harth, Rama.

- Karuna II — Gnosa, Kriya, Iava, Shanti.

- Karuna III— Om, Dumo, Nin Giz-Zida, Dai-Ko-Myo, Raku, Yod E Om-Atma.

He tratado la mayoría de estos símbolos en el capítulo cinco. Otros sistemas de Reiki desarrollados a partir de Karuna Reiki incluyen:

- Reiki Tera-Mai, de Kathleen Milner

- Reiki Karuna Ki + técnica Mudra, de Vincent. P. Amador

- Reiki Fuego Sagrado, de William Lee Rand

Reiki Angelical: Esta es una práctica de sanación, transformación y cuidado personal que utiliza la energía de la mente divina. El Reiki Angelical está repleto de nuevas posibilidades que cambian las situaciones negativas y la estructura de las realidades presentes. Sus raíces se remontan al continente perdido de Lemuria y Atlantis, donde los humanos y los ángeles vivían como uno.

Este Reiki no es un sistema de creencias. Algunos practicantes dirían que desafía toda explicación. La forma más sencilla de explicar el Reiki Angelical a otra persona es que es un sistema que le permite a su yo superior comunicarse con los ángeles para permitir la manifestación de la perfección divina en el plano que percibe como su realidad.

Aunque posee una estructura simple, está envuelto en posibilidades ilimitadas. Las sintonizaciones son únicas porque las energías se transmiten directamente desde los cielos, a diferencia de otras formas de Reiki donde las sintonizaciones se "filtran" a través de la conciencia plena de los maestros. Este proceso inicia una transformación que le permite alinearse con la perfección divina

Existen cuatro grados en dos niveles de sintonía. El Arcángel Metatrón dirige las sintonizaciones brindadas por el reino angelical de la luz junto con otros treinta arcángeles conocidos como el "Poderoso Sarim", y su guardián o ángel sanador específico. Antes de esto, existe un proceso conocido como "corte de karma" supervisado por el Arcángel Miguel, una limpieza que proporciona integridad a todas las piezas fragmentadas en su interior. Durante la sintonización, recibe cualidades curativas presentes en los cristales de Atlantis. Estos símbolos son arquetipos de las energías de la creación. Un arquetipo denominado Señor Melquisedek otorga cuatro activaciones de ascensión y bendiciones a nivel galáctico.

Una vez que se completa este proceso, se conectará a los siete niveles vibratorios de la forma divina. Los símbolos se anclan y se activan automáticamente, por lo que los experimenta en todos los niveles espirituales a través de la geometría sagrada. Los practicantes de Reiki angelical tienen sus ángeles de la guarda que los ayudan durante las sesiones de sanación.

Reiki Kundalini: Esta es una práctica espiritual sin esfuerzo, pero poderosamente efectiva destinada al autodesarrollo y la sanación que comenzó con Ole Gabrielsen. Posee una vibración más elevada en comparación con Usui Reiki y no utiliza posiciones de las manos. Solo combina la energía de Kundalini con Reiki.

En los mitos hindúes, Kundalini Shakti es la diosa serpentina que encarna la animación de todas las cosas, incluida la revelación del poder divino (Shakti). Ella yace dormida en la base de la columna vertebral enrollada tres veces y media alrededor del chakra raíz.

No existen sintonizaciones complejas en este Reiki. Tres activaciones de energía y seis potenciadores fortalecen los chakras, permitiendo el flujo de energía divina que le libera de los bloqueos energéticos. La limpieza que es parte de este Reiki le prepara para el despertar de Kundalini. Esto le permite conectarse a energías vibratorias que poseen frecuencias como la energía Kundalini.

La energía Kundalini es el poder que canaliza junto con Reiki para la sanación física, espiritual y etérica. La integración en Reiki Kundalini toma siete días, pero se recomienda esperar una semana entre cada nivel. En el primer nivel de sintonía, los canales de sanación están abiertos a Kundalini. El chakra de la corona, Anahata y los chakras de las manos se abren y se fortalecen.

Su cuerpo se prepara para el despertar de Kundalini y aprende a conducir esta energía para la sanación personal y a distancia. En el segundo nivel, existe un despertar parcial de Kundalini. Los chakras se fortalecen y se abre el canal principal de energía. La apertura permite que el fuego de Kundalini viaje desde la base hasta el chakra del plexo solar. Este proceso prepara aún más al cuerpo para una liberación completa de energía. Aprenderá un método de meditación que aumenta Kundalini Shakti y canaliza un rango más alto de Reiki.

El tercer nivel posee el plexo solar, la base, la garganta y los chakras sacros se abren y fortalecen. Kundalini Shakti se vuelve más fuerte y fluye hacia arriba y fuera del chakra de la corona. Aprenderá a sintonizar con otros y con cristales. Los impulsores cuatro a seis fortalecen sus principales canales de energía para permitir que cantidades más altas de energía Reiki (y cualquier otra forma de energía curativa con la que se haya sintonizado) fluyan sin problemas,

Beneficios de Reiki Kundalini

• Le otorga el valor para seguir adelante en tiempos complicados.

• Le brinda una idea de los deseos que desea manifestar.

• Le ayuda a sanar mediante la aceptación y la entrega en tiempos difíciles.

• Le otorga la flexibilidad de pensamiento para crear soluciones a problemas aparentemente imposibles.

El curso de Kundalini es sencillo. La primera sintonización se brinda de manera personal. El maestro de Reiki puede dar una segunda y tercera sintonización de forma remota diez días después de la primera. Al final de este proceso, automáticamente tiene acceso a Reiki cristalino, Reiki de trauma de nacimiento, Reiki de Diamante, Reiki de vidas pasadas, entre otros.

Reiki Temari: Jane Stuart Townsend creó esta modalidad de Reiki. Se centra principalmente en los centros de energía y es una forma de sanar a los necesitados sin intervención. Mientras estudiaba el delicado arte del arreglo floral japonés denominado ikebana, Townsend descubrió Temari, una palabra japonesa que significa "bola firme" en español.

Utilizando esta antigua tradición, creó bolas de poliestireno, un material utilizado durante muchos años en la tecnología para aumentar la recepción de ondas de radio cuando se coloca en las antenas de los automóviles. Posteriormente creó un patrón de hilo para revestir las bolas. Cada diseño tenía colores correspondientes a un chakra diferente.

Al crear este sistema de Reiki, descubrió dos nuevos chakras: el chakra renal entre el chakra raíz y sacro y el chakra de superestructura entre Anahata y Vishuddha. Reiki Temari contiene elementos del Reiki tradicional, pero utiliza bolas como instrumentos de sanación. Estas bolas ayudan a la transmisión de Reiki a partes específicas del cuerpo que padecen una enfermedad.

Townsend creía que la recuperación estaba incompleta sin bolas que coincidieran con los nuevos centros de energía. Ella sintió que sus órganos correspondientes serían desatendidos en la sesión.

La mayoría de las personas que han experimentado esta forma de Reiki confiesan que se siente como una forma más pura y directa de energía Reiki. A continuación, un desglose de los colores, los chakras correspondientes y los órganos que se enseñan en Reiki Temari.

- **Chakra De La Raíz (Rojo):** Huesos, recto, dientes, uñas, pelvis, intestino grueso.

- **Chakra Renal (Dorado / Naranja Oscuro):** Vejiga, circulación arterial y venosa, riñones.

- **Chakra Sacro (Verde Claro / Naranja):** Órganos sexuales.

- **Chakra del Plexo Solar (Púrpura / Amarillo):** Hígado, intestino delgado, vesícula biliar, colon, bazo, sistema digestivo, sistema nervioso autónomo.

- **Chakra del Corazón (Verde Oscuro / Naranja):** Pulmones, corazón, manos, brazos, circulación sanguínea a los órganos internos.

- **Chakra de la Superestructura (Azul Oscuro / Turquesa):** Cráneo, cuello, clavícula, columna vertebral, médula ósea, mandíbula.

- **Chakra de la Garganta (Azul Oscuro / Azul Claro):** Cuello, garganta, tráquea, esófago.

- **Chakra del Tercer Ojo (Azul Oscuro / Azul Claro):** Cerebelo del cerebro, sistema endocrino, senos nasales, nariz, ojos, oídos.

- **Chakra de la Corona (Amarillo / Púrpura):** Cerebro del cerebro, sistema nervioso autónomo y flujo sanguíneo cerebral.

Cada sesión de Temari dura de 60 a 90 minutos. Los practicantes canalizan la energía a Temari colocada en los centros de energía correspondientes y transmiten Reiki de sus manos a través de las bolas a los pacientes.

Reiki de Lightarian: El maestro ascendido Buda desarrolló este método, que prepara a cada paciente para el crecimiento espiritual y la iluminación. Un mayor ancho de banda de energías curativas se extiende más allá de las frecuencias que Usui Reiki y Karuna pueden proporcionar con este sistema. Este Reiki es conocido por disolver los apegos no deseados entre las personas, desvincularlas de las energías y experiencias negativas y aumentar la conciencia.

Reiki del Arcoiris: Fue fundado en los años ochenta por Walter Lubeck, autor del bestseller Reiki del Arco Iris, y fundador del Instituto de Reiki-Do en Alemania en 1980. El linaje de Lubeck es Usui-Hayashi-Takata-Furumoto-BrigitteMuller. Reiki del Arcoíris es una forma complicada de sanación holística con elementos de limpieza de karma, proyección astral, sanación con cristales, ciencias de la comunicación holística y trabajo corporal curativo. Todos estos están destinados a equilibrar las energías a través de mantras, símbolos, chakras y cristales.

Esta terapia práctica se basa en la base de Usui Reiki. Busca expandir el desarrollo personal más allá de los límites culturales e individuales. La diferencia más significativa entre este y el Reiki tradicional es que los curanderos de Reiki Arcoíris profundizan en las dolencias físicas y psicológicas a través de la ayuda de Buda y otros seres divinos para una curación eficaz.

Lubeck creó este camino espiritual moderno a partir de la antigua sabiduría de Lemuria. Las sesiones son más complicadas. Se ha demostrado que son más directas y poderosas en comparación con la mayoría de las formas de arte de sanación espiritual.

- **1er Nivel:** Usui Reiki tradicional, sanación y equilibrio de chakras, uso de aceites curativos, masajes de aura, elaboración de agua de arco iris de Reiki, sanación de animales, bebés y plantas.

- **2do Nivel:** Símbolos adicionales para fortalecer el chakra Ajna. También aprenderá sanación mental, sanación del niño interior y sanación a distancia.

Beneficios

- Mayor conciencia del espíritu, los chakras y los cuerpos energéticos sutiles.

- Mayores niveles de energía que prevalecen varios días después de la sesión.

- Aumento de las habilidades de comunicación psíquica, como la clariaudiencia, la clarividencia, la videncia.

- Purificación, expansión y balance de centros energéticos.

- Eliminación de bloques de energía que alivian de enfermedades físicas.

Reiki Imara: Dos hermanos, Geoffrey y Barton Wendel fundaron esta modalidad. Imara es una palabra que significa "más". Este Reiki invoca el espíritu de Laho Chi para una sanación profunda del alma. Es una forma de energía sagrada con altas vibraciones. Debe estar en sintonía con el nivel de dominio de Usui Reiki para practicar. No utiliza símbolos o sintonizaciones para transmitir su energía.

Imara es conocida por su eficacia para sanar traumas reprimidos y problemas de vidas pasadas. Funciona adecuadamente para la sanación a distancia, recibiendo visiones de reinos espirituales. Para invocar la energía de Imara, debe pronunciar laho-chi tres veces. Cuanto mayor sea el canto, mayores serán las energías vibratorias. Es posible que los mensajes o flashes que reciba no siempre sean claros o completos. Lleve un diario de los flashes o mensajes que reciba. Con el tiempo, las cosas cobrarán más sentido.

Capítulo Nueve: Recibir su Segunda Sintonía con el Reiki

El nivel dos de Reiki u Okuden es un nivel avanzado en el que aprende a potenciar el Reiki a través de símbolos, mantras correspondientes y sanación a distancia. El camino hacia la sintonización de nivel dos de Reiki es primero someterse a un entrenamiento de Reiki uno. Le aconsejo que se adhiera a su nivel maestro de Reiki 1 en su entrenamiento de Reiki 2, pero solo si está satisfecho con ello. Debe tener cierta precaución al elegir un maestro. Algunos maestros de Reiki ofrecen iniciaciones de Reiki 1 y 2 durante un fin de semana o incluso un solo día. Considero que es demasiado para asimilarlo en poco tiempo. Algunos maestros recomiendan un período de purificación de 21 días después de Reiki, antes de la segunda sintonización, para brindar equilibrio y armonía al cuerpo.

Puede encontrar maestros de Reiki de la misma manera que lo haría con los practicantes. Pídale recomendaciones a su familia, amigos, su médico, masajista o quiropráctico. Consulte los círculos de Reiki en línea en Reddit y Facebook, o busque sugerencias en Internet. Visite la página web de la Asociación Internacional de Profesionales de Reiki (IARP.org) para conocer a futuros maestros de Reiki en su área y familiarizarse con el código de ética. Esto le brinda no solo una idea de los maestros disponibles, sino también de qué esperar de un curso de Reiki.

¿Por qué Estudiar Reiki?

Las razones para elegir este camino espiritual son tantas como los beneficios que se obtienen. Algunos son:

- Para ayudar a un ser querido que está gravemente enfermo.

- Para complementar su crecimiento espiritual.

- Para curar a su mascota o ayudar en su práctica como veterinario.

- Para comenzar su práctica de Reiki.

- Para aumentar sus calificaciones como profesional de la salud y ayudar en el campo de práctica de su elección.

- Para curarse de una enfermedad.

Sus razones para aprender Reiki pueden cambiar dentro de una hora, pero cualquiera que sea la razón, el maestro que necesita dependerá de su motivo para aprender Reiki. Si tiene la intención de comenzar una práctica propia, el maestro que elija será diferente del que necesita para ayudarle en su viaje hacia la iluminación espiritual. ¿Qué debe considerar en el momento de seleccionar quién le guiará en su camino hacia la luz?

Elegir un Maestro de Reiki

• **Certificación:** En el idioma de Reiki, existen calificaciones específicas que son importantes. Existen cuatro niveles de formación. Un practicante de Reiki (PR) es aquel con Reiki de segundo grado como su calificación más alta. Un PR no está calificado para enseñar, pero puede administrar sanación a otros. Un Maestro de Reiki (MR) es aquel que ha completado los niveles de dominio (tercer grado). Las sintonizaciones posteriores le otorgan el nivel de Maestro de Reiki (MRM). Las iniciaciones de Reiki IV le otorgan la certificación de Shinpiden o Gran Maestro de Reiki. En este nivel, estás calificado para entrenar a cualquier persona desde el nivel 1 al 4, transmitiendo no solo la tradición, sino también los símbolos y sintonizaciones. La experiencia no solo se mide en años de práctica. La cantidad de interés y compromiso es igualmente importante.

• **Genealogía:** Reiki es una práctica hermosa y poderosa por sí sola. El linaje es crucial para algunas personas para aprender Reiki. Si lo prefiere, busque un maestro con el linaje que desea. De lo contrario, no permita que este factor le impida encontrar un gran instructor.

Las diferentes ramas tienen diferentes maestros, por lo tanto, genealogías ligeramente diferentes. Puede preguntarles a los futuros maestros si pueden rastrear su linaje hasta el origen del Reiki tradicional. La primera persona en la fila debe ser Mikao Usui, el fundador de Usui Reiki-Ryoho.

• **Instinto:** Es posible que se sienta atraído naturalmente por un practicante que considere que es el maestro adecuado para ayudarle en su viaje. Sus razones pueden variar. Tal vez le agradó su perfil en línea, ha leído un libro que han escrito o puede identificarse con esta persona de una manera que no puedes explicar.

• **Seguridad**: Debe sentirse cómodo con la elección de un maestro. Reiki es un viaje personal, por lo que el maestro que elija es importante. Ellos son quienes permite que le ayuden en este viaje y le ofrezcan consejos cuando sea necesario.

• **Costos**: Muchas personas pueden argumentar que esto debería ser superior a todas las demás razones. Al elegir un maestro, debe saber cómo se pagan los costos. ¿Aceptan efectivo, cheques o tarjetas de crédito? ¿Se hacen los depósitos por adelantado o se paga la tarifa en su totalidad? ¿Se permiten reembolsos por falta de asistencia? En muchos centros, la capacitación cuesta al menos $ 300, que se paga en su totalidad al registrarse.

Algunos maestros cobran $ 500 o más. Algunos profesores también ofrecen becas, así que debe investigar más. Este cargo depende de las técnicas adicionales que el maestro esté dispuesto a enseñar. Por ejemplo, algunos maestros incorporan curación con cristales, terapia de chakras, chamanismo, etc. Tome en cuenta que los cargos más altos no garantizan que una persona sea un mejor maestro. La experiencia es importante, pero solo hasta cierto punto.

Algunos maestros son sanadores natos que se centran mayormente en la práctica que en la enseñanza y podrían poseer conocimientos informales. Si usted es nuevo en Reiki, es una excelente idea preguntarles a los futuros maestros en qué campo de Reiki se especializan y si tienen más modalidades integradas en sus clases.

• **Conveniencia**: Pregúntese, ¿está dispuesto a viajar millas para aprender Reiki? ¿Su horario permite tales viajes? Debe buscar no solo un maestro con el que se sienta cómodo, sino uno lo suficientemente cercano, para que no haya interrupciones en su vida diaria. ¿Preferiría una clase presencial o a distancia (en línea)? Si no tiene escasez de efectivo, puede pedirle a su maestro que se acerque a usted.

Recuerde siempre que no debe tener miedo de expresar sus preferencias a la hora de aprender Reiki. Los mejores viajes ocurren cuando al ser receptivo, comprometido y tiene fe en el proceso. De esta manera, se compromete con los resultados que surjan.

Tipos de Clases de Reiki Disponibles

• **Clases o Talleres de Fin de Semana:** Se dirigen a profesionales ocupados sin el lujo del tiempo disponible y que desean aprender todo lo que puedan en el menor tiempo posible. Los tres niveles completos de Reiki se enseñan durante un fin de semana o un taller de tres días.

• **Clases Presenciales:** Esta clase ofrece el beneficio adicional de estar en el mismo salón con el maestro y aprender Reiki en un salón de clases formal. También puede observar al maestro realizar una capacitación práctica y discutir cualquier dificultad que pueda surgir.

• **Clases de Video:** Algunos maestros pueden impartir cursos, enviar materiales e incluso sintonizaciones a través de videos que le envían personalmente. La ventaja de esta forma de enseñanza es que puede ver los videos repetidamente y ponerse al día con cualquier información que se haya perdido antes.

• **Clases Extendidas:** Estas clases van desde unas pocas semanas hasta varios meses o años para completar todos los niveles de capacitación. Los períodos entre cada nivel le permiten internalizar todo lo aprendido para que pueda practicar un nivel durante algún tiempo antes de pasar a otro nivel.

• **Teléfono, Internet o Larga Distancia:** Es posible asistir a clases y recibir iniciaciones por teléfono, a través de YouTube o alguna aplicación de mensajería instantánea. La ventaja de esta forma de formación es asequible. Algunas de estas clases son incluso gratuitas. La desventaja es que la calidad de la capacitación puede variar según la competencia del maestro.

Para practicar Reiki de forma profesional, las clases tradicionales en persona pueden ser su mejor opción. Puede causar una abolladura en su billetera, pero vale la pena. La capacitación en persona le ayuda a pronunciar perfectamente los mantras y dibujar los símbolos con la guía completa de un maestro a su alcance.

Preguntas que Debe Responder Antes de Decidirse a Estudiar Reiki

• ¿Tengo que estudiar Reiki en este momento?

• ¿Estoy dispuesto a comprometerme con los nueve niveles completos al aprender un método de Reiki?

• ¿Puedo esperar hasta obtener resultados?

• ¿Qué me dice mi instinto sobre el maestro prospecto X?

• ¿Son adecuados para mi viaje de Reiki?

• ¿Preferiría un maestro o una maestra?

Preguntas para Hacerle a su Futuro Maestro de Reiki

• ¿Cómo ha sido su experiencia al enseñar Reiki?

• ¿Qué rama de Reiki es su especialidad?

• ¿Hace cuánto que enseña?

• ¿Qué temas abarca?

- ¿Enseña todos los niveles de Reiki?

- ¿Cuáles son sus cargos?

- ¿Cuál es su linaje de Reiki?

- ¿Pueden los estudiantes comunicarse con usted fuera de las clases? (La accesibilidad le permite adquirir experiencia práctica fuera de la clase).

- ¿Qué puedo esperar durante el proceso de sintonía?

- ¿Existe algún requisito previo para el curso? (Pregunte esto porque algunos maestros rechazan a los estudiantes que han recibido su primera sintonización en otro lugar).

- ¿Qué tan extensa es su clase? (Si pertenece a la categoría de personas a las que les resulta difícil aprender en grupos grandes, debe preguntarlo. Pero si puede obtener práctica y respuestas a las preguntas importantes que tenga durante la clase, esta pregunta es innecesaria).

- ¿Recibiré un certificado después de la clase?

Es muy poco probable que un profesor potencial invierta más de diez minutos de su tiempo respondiendo todas las preguntas antes de que usted se comprometa a unirse a una clase. Si tiene muchas preguntas, puede reunirse con ellos para una conversación informal o preguntar si puede hablar con ellos por teléfono. Recuerde siempre preguntar si se esperan pagos por consulta. Es lo más cortés que se puede hacer.

Las entrevistas extendidas no sirven de mucho. Usted o un posible maestro pueden retractarse si alguno de los dos siente que no hay conexión. No se sienta mal si un profesor en particular lo rechaza como estudiante. Puede encontrar a otro. Tómese su tiempo y considere cuidadosamente sus opciones. ¡Tenga cuidado con los practicantes que afirman "curar" condiciones médicas y se oponen a la atención médica convencional!

Preparación para la Clase

- Practique la meditación para conectar con su lado espiritual.

- Lea este libro y otros textos. Información es poder. Cuanto más lea, mejor preparado estará para sus clases.

- Manténgase alejado de las sustancias ilegales, el alcohol y el tabaco durante una semana antes de que comiencen las clases.

- Evite comer mucho para prevenir problemas digestivos que le impidan concentrarse.

- Manténgase alejado de estimulantes como el azúcar o el café días antes y el día de la clase.

- Piense cuidadosamente en lo que busca del curso y establezca una intención para su futura clase de Reiki.

- Lea todas las notas o materiales proporcionados por su maestro de Reiki antes de que comience formalmente la clase.

Okuden: La Segunda Sintonía

¿Qué significa para usted la felicidad? ¿Una sensación de bienestar? ¿Un sentimiento? ¿Una emocion? ¿Lo opuesto a la tristeza? Su definición será diferente a la de la persona sentada a su lado. Ahora bien, la sintonía no es felicidad, pero la analogía es necesaria para explicar cómo piensan las diferentes personas que la han experimentado. La mayoría estará de acuerdo en que recibir una sintonía es una experiencia poderosa y espiritual, como ninguna otra.

Las iniciaciones de Reiki se denominaban originalmente "empoderamientos" en Japón. Después de que Madam Takata trajo el Reiki a Occidente, los "empoderamientos" tomaron un nombre diferente. Algunas personas lo llaman iniciación, despertar, transmisión o expansión. Todos significan lo mismo.

Con una sintonía, sus canales de energía son forzados a abrirse por un Maestro de Reiki, y la energía pura e ilimitada puede fluir a través de usted. Por lo tanto, elegir al maestro que los inicie en este mundo es muy importante. Algunos estudiantes describen este poder como una onda o un hormigueo desde la cabeza hasta los pies. Se sentirá más despierto, hiperconsciente. Sus sentidos se sienten más nítidos que una hoja de obsidiana.

Quizás se pregunte por qué es necesaria una sintonía. Después de todo, este libro tiene todo lo que necesita. Responderé a esa pregunta con una de las mías. ¿Tiene derecho a ejercer la medicina solo porque ha leído muchos libros de medicina? Necesita ir a la escuela, aprobar exámenes y obtener una licencia. Lo mismo ocurre con el Reiki. Puede leer todo lo que desee, pero no podrá realmente practicar Reiki hasta que obtenga una sintonía. Este proceso es la clave para desbloquear todo ese poder (y usarlo de manera responsable).

La ceremonia de sintonía utilizada en todos los centros de Reiki es una fusión del sistema Usui Reiki y una técnica tibetana distintiva. Dado que las raíces del antiguo Reiki están en el Tíbet, las técnicas tibetanas forjan un vínculo más fuerte con los orígenes del Reiki. Esta adición realizada bajo la intuición y la guía espiritual ha mejorado la calidad del proceso de sintonización, haciéndolo más poderoso y permitiendo que se canalice una gama más amplia de energías espirituales junto con los poderes habituales de Usui Reiki.

Preparándose para su Segunda Sintonía

Su preparación depende de su preferencia personal e inclinación espiritual elegida. Abrir los meridianos de energía no es una broma; de cualquier forma que elija mirarlo. Los pasos no están escritos en piedra, pero existen algunas pautas que le ayudarán a prepararse para conectarse completamente con su yo espiritual antes de que ocurra la iniciación. Estas sugerencias ayudarán a realzar los efectos del proceso de sintonía y aumentarán sus poderes de transformación interior.

Algunas personas optan por renovar las sintonizaciones. Si bien esta es su elección, generalmente no es necesario. Una vez que esté en sintonía, se conectará a Reiki de por vida. Y al igual que el don que sigue brindando, se volverá mejor y más fuerte con el tiempo y la práctica. En algunas clases tradicionales, las iniciaciones se dan en masa, sin que los estudiantes se tomen un tiempo para preparar sus mentes y cuerpos para esta experiencia que les cambia la vida.

Estudiar de forma remota a través de video, Internet u otras formas de aprendizaje a distancia le ayuda a aprender a su velocidad. También le otorga algo de tiempo, desde unos pocos días hasta, a veces, un mes, para preparar su cuerpo y mente para el proceso de sintonía antes de recibirlo oficialmente.

Reiki 2 se enfoca en sus aspectos mentales y emocionales. Debido a ello, las sintonizaciones que obtiene en este nivel abren su mundo a una vibración superior que le otorga una conciencia más aguda y ávida de sí mismo y del potencial que tiene para el equilibrio emocional y mental.

- Seleccione una fecha para su sintonía. Mi consejo es que elija una fecha relevante para usted, como su cumpleaños, aniversario o alguna otra fecha que coincida con un día importante en su camino espiritual.

- Reduzca o suspenda por completo su ingesta de proteína animal durante al menos una semana antes de su iniciación. La proteína animal es difícil de digerir en comparación con la proteína vegetal. Debe buscar que su metabolismo esté en plena forma.

- No consuma alcohol, sustancias ilegales o fume durante al menos tres días antes.

- Adopte la soledad y la meditación. Deseche todas las formas de estimulación externa, como televisores, radios y teléfonos.

- Practique el cuidado personal. Puede hacerlo al no emprender tareas que lo estresen.

- Manténgase hidratado y duerma bien.

- Realice la limpieza del aura un día antes. Al hacerlo borra los residuos psíquicos y las firmas de energía maliciosa de otras personas de sus campos de energía. Puede limpiar su aura dándose un baño con sal marina, difuminando con salvia blanca o madera de cedro. Dar un paseo bajo la lluvia y usar cristales también ayuda a limpiar su aura.

Qué Esperar de la Segunda Sintonización

Este proceso es una reconexión o refuerzo a la energía de Reiki otorgada en la primera sintonización. Las segundas sintonizaciones se ofrecen en un solo marco de tiempo, centrándose en abrir Anahata o el chakra del corazón. Esto se debe a que Anahata es un centro de campos de energía tanto espiritual como física. Se le pide que mantenga los ojos cerrados, no porque la sintonización sea un secreto per se, sino para realzar su experiencia espiritual.

Algunas personas hacen estallar fuegos artificiales durante su ceremonia de sintonía. Otros dudan que haya sucedido algo. Si reside en la segunda categoría, es correcto. Las campanas y los silbidos no son una parte necesaria de esta gran experiencia. El período posterior a la sintonización es un período de purificación y renacimiento. Es entonces cuando su cuerpo físico se pone al día con los niveles más altos de vibraciones que ahora canaliza.

Muchos maestros recomiendan un período de purificación de 21 días para eliminar los bloqueos de energía que le impiden ser el conducto perfecto de Reiki. Este período de 21 días recuerda la cantidad de días que Sensei Usui pasó ayunando y meditando en el monte Kurama. En ese momento manténgase hidratado y descanse mucho. Algunas personas informan tener malestar estomacal, síntomas de gripe, dolores de cabeza o corporales y fatiga leve.

Estos síntomas muestran que el cuerpo está pasando por una purga mental, emocional y física. Esta "limpieza de primavera" puede afectar sus patrones de sueño, exponer su mente a sueños vívidos, experiencias fuera del cuerpo, cambios de humor, cambios en los patrones de pensamiento y apertura del tercer ojo.

Un autotratamiento de Reiki todos los días le ayudará a mantener el equilibrio si experimenta estos problemas. Si se siente sofocado por la presencia de su familia, amigos o compañero de habitación, puede registrarse en un hotel por unos días o pedir amablemente que no lo molesten, a menos que sea urgente. La soledad es un consuelo para usted en este momento de transformación. Comuníquese con su maestro si tiene preguntas urgentes.

Capítulo Diez: Preparando su práctica de Reiki

Ha concluido con su segunda sintonía, ha dado el paso y ha hecho de Reiki un emprendimiento comercial. Inició de manera positiva con sus intenciones, pero varias preguntas y dudas lo detienen. Intentaré responder algunas de estas preguntas para que al final de este capítulo esté determinado a elegir un nombre comercial y un logotipo.

Preguntas para Hacerse a Sí Mismo

- ¿Por qué es importante comenzar una práctica de sanación holística?

- ¿Con qué sexo o rango de edad quiero trabajar?

- ¿Qué tipo de problemas quiero manejar y cuál es el número máximo de pacientes que puedo atender semanalmente?

- ¿Cuál será la ubicación de mi práctica y cuál será mi horario de atención?

- ¿Cuánto durarán las sesiones y cuánto puedo cobrar confortablemente?

- ¿Consideraría contratar un seguro por negligencia o responsabilidad civil?

- ¿Cuál será mi política de cancelación?

- ¿Cómo pienso anunciarme?

- ¿Ofrecería descuentos o tratamiento gratuito para los primeros cinco pacientes?

- ¿Cómo haré un seguimiento de las citas y los pagos de los pacientes?

- ¿Cuáles son mis fortalezas al practicar Reiki?

- Si trabajo desde casa, ¿me sentiría cómodo dejando entrar a alguien en mi espacio

Estas preguntas pueden parecer abrumadoras al principio, pero requieren respuestas honestas. Son cuestiones que debe considerar mientras se ramifica. De esta manera, estará listo si surge alguna situación no planificada.

Comenzando su Práctica

Obtenga la certificación: Solo necesita la segunda sintonización para establecerse como un practicante legítimo de Reiki. Considere unirse a la Asociación Internacional de Profesionales de Reiki. Unirse a una asociación profesional garantiza diversos beneficios, como:

- Herramientas comerciales para ayudarle a prosperar profesional y personalmente.

- Asociaciones con otros profesionales destacados.

- Inclusión en el directorio de miembros registrados en el sitio web.

- Un certificado de membresía que lo incluye como colaborador de clases, conferencias, programas de televisión, revistas o artículos de periódicos. Estos son muy útiles para ayudarle a publicitar su negocio.

Aprenda sobre Legal: Después de obtener la certificación, debe conocer las leyes de su área sobre esta nueva práctica. ¿Su estado requiere una licencia para practicar la sanación espiritual? ¿Cuáles son las leyes de su país con respecto al uso de la terapia táctil o práctica? Familiarícese con su ayuntamiento o la cámara de comercio local para obtener más información.

Con la ayuda de AIPR y un buen abogado, puede obtener un seguro de responsabilidad profesional que cubra accidentes menores y sea asequible. Asegúrese de que los clientes firmen un formulario de consentimiento para el trabajo energético. Esto les informa en forma impresa que la sanación holística no sustituye el asesoramiento y la atención profesionales.

La Práctica Hace la Perfección: Antes de involucrarse con una práctica legítima, debe tener claridad sobre el funcionamiento de Reiki. Experimente esta energía en un nivel personal más profundo a través de auto tratamientos y el tratamiento a amigos y familiares. Cuanto más practique, mejor será la canalización de energía. Esta práctica curativa requiere tiempo para perfeccionarse. Por lo tanto, su vida debe estar en equilibrio antes de intentar ayudar a los demás.

Seleccione una Ubicación: Puede usar Reiki para complementar una práctica existente como la atención médica o el trabajo social. También puede proporcionar Reiki a tiempo completo o parcial en un centro. Esto elimina el problema de la ubicación. Sin embargo, si desea comenzar una práctica y no tiene idea de por dónde empezar y no puede reunir capital para un lugar propio, considere trabajar desde casa. Debe considerar las leyes de zonificación en su estado y si su contrato de arrendamiento permite la práctica basada en el hogar.

Trabajar desde casa le permite ahorrar dinero en los costos iniciales, como el alquiler, los impuestos a la propiedad y los gastos de transporte. Si no le agrada la práctica en casa, no hay problema. Un espacio de oficina hace que su consulta parezca profesional y muestra a las personas que se toma su trabajo en serio. Una oficina elimina los problemas de tener una pareja, en lugar de la idea de trabajar desde casa y las distracciones que vienen con los niños y las mascotas. También tendrá que considerar si tiene una sala separada que deba reorganizar para su práctica y si sus clientes pueden usar su baño después de que termine la sesión.

Si usted es una mujer que elige la práctica en casa, por su seguridad, no permita que los pacientes masculinos entren a su casa cuando esté sola. Solo trate a los clientes masculinos si tiene seguridad o personas al alcance que puedan ayudar si es necesario.

Suministros y Equipo: Necesitará una mesa de masaje y sillas. Muchas de las mesas de Reiki son solo mesas de masaje reutilizadas para Reiki. Antes de elegir una, considere si prefiere dejarla en un lugar o si lo llevará de un lugar a otro. Si su elección es la última, es mejor que tenga una mesa más liviana, portátil y resistente. También necesita accesorios de mesa, como un estuche de transporte, refuerzos y una placa frontal adjunta.

Utilice la placa frontal para sesiones en las que los clientes deban acostarse boca abajo. La placa ayuda a mantener la cara y el cuello cómodos. Puede obtener buenas ofertas en línea en sitios como Etsy y Amazon. También puede preguntarle a su masajista local, maestro de Reiki o amigos. Las ubicaciones de anuncios para mesas de segunda mano también se muestran en anuncios clasificados de periódicos. Las marcas populares son Astra-Lite, Earth-Lite y Strong-Lite. Los precios oscilan entre los 150 y los 500 dólares. Así mismo se presentan en diferentes colores y formas para mejorar la experiencia del paciente.

Asegúrese de que su mesa tenga suficiente espacio para las piernas para que pueda poner los pies debajo del respaldo y el frente de la mesa durante una sesión. Los médicos deben proporcionar sillas para su comodidad y para que el paciente se siente por un momento después de que termine la sesión. Las almohadas y los cojines también son necesarios. La tapicería de la silla debe estar hecha de un material suave y transpirable. Pueden colocarse debajo de las rodillas del cliente para sostener la columna o debajo de la cabeza para sostener el cuello.

Se necesita un sistema de sonido para reproducir música tranquila que los anime a relajarse. No es necesario que sea una configuración complicada. Existen melodías de Reiki libres de derechos que puede usar. Podría comprar un reproductor de CD. Programe cada canción para que dure unos minutos para que pueda cambiar la posición de sus manos al comienzo de una nueva canción. Lámparas, alfombras, ropa de cama limpia, pañuelos de papel, cristales curativos y agua embotellada son algunos de los equipos que necesita para personalizar su espacio. Evite el desorden, ya que es un imán de energía negativa. No utilice velas perfumadas porque algunas personas son sensibles a los aromas fuertes.

Crear un Plan de Negocios Sólido: Debe elegir un nombre para su negocio. Consulte a un analista de pequeñas empresas y a un contador profesional para obtener asesoramiento. Ellos le enseñarán los aspectos básicos de la cantidad a invertir, los ingresos que puede esperar, los márgenes de ganancia y la estructura comercial. También se le aconsejará qué hacer si decide ser propietario único o sociedad de responsabilidad limitada. Ambos atraen sus formas de deducciones fiscales y contribuyen en gran medida a ayudarle a establecer sus metas financieras.

Al resolverlo, podrá seleccionar un público objetivo, planes de precios, estrategia de contabilidad y la decisión de tener cuentas de tarjeta de crédito. Establezca proyecciones de un solo año o de 3 años. Después de esto, puede decidir una estrategia de marketing.

Prepare su Estrategia de Marketing: Gastar miles de dólares en publicidad no es una buena opción cuando está comenzando. A continuación, algunas maneras de dar a conocer su negocio:

- **Boca a Boca:** Pida a un amigo que se lo cuente a un amigo. Informe a su familia, colegas, amigos y a todas las personas que conozca (con cierto grado de tacto, por supuesto) que ofrece sesiones de Reiki. Puede ofrecerlos de forma gratuita o con descuento para cubrir los gastos de funcionamiento.

- **Tarjetas de Presentación**: Imprima las tarjetas de presentación usted mismo o solicite la ayuda de un profesional. Es una forma económica de decir: "Oye, esto es lo que hago y dónde lo hago. Lo digo en serio". Las tarjetas de presentación suelen tener números de teléfono que permiten a los posibles clientes reservar citas por teléfono. Esto le ayuda a tener una buena impresión de su energía antes de que reserven para una sesión.

- **Volantes:** Son más económicos que las tarjetas de presentación. Puede explicar en pocas palabras qué es Reiki, sus beneficios, dónde encontrarle y su número de teléfono. Coloque volantes en tablones de anuncios, spas, tableros de anuncios de hospitales, tiendas de alimentos naturales y librerías New Age.

- **Intercambio:** Ofrezca una especie de intercambio con otros terapeutas alternativos como masajistas, instructores de Yoga y similares. Ya tienen una clientela establecida y, a menudo, ellos mismos necesitan terapia. Ofrezca recomendarles clientes y pídales que le brinden la misma cortesía. Ofrézcales una tarjeta de presentación o un volante por si acaso.

- **Ofrecer Reiki gratuito**: Puede hacerlo cuando esté en círculos sociales y alguien se queje de dolor. Si no están familiarizados con Reiki, explíqueles de qué se trata en pocas palabras: una forma alternativa de sanación que se originó en Japón, que tiene muchos beneficios para la salud, incluido el estrés y el alivio del dolor. Canalice Reiki durante 10 a 15 minutos hacia el área afectada y hágales saber que ofrece dichos servicios de manera profesional.

Explique cuánto dura una sesión y cómo es. Invítelos a reservar una cita. Recuerde, por mucho que desee que su negocio crezca, concéntrese en ayudar a la persona, no en buscar clientes. Solo si están interesados, debe ofrecerles una tarjeta de presentación.

- **Vestir Reiki**: Un sombrero o camiseta con símbolos de Reiki seguramente llamará la atención. Puede comenzar como un cumplido a su elección de ropa, pero rápidamente se tornará para hablar sobre el poder de los símbolos de Reiki. Si tiene el tiempo y es apropiado, puede ofrecer un tratamiento de muestra y pedirles que lo llamen para programar una sesión adecuada.

- **Escribir Artículos:** Puede ofrecer escribir artículos semanales, mensuales o trimestrales para noticias de Reiki o cualquier revista de sanación holística. Escriba sobre Reiki o documente su experiencia de Reiki. Agregue su nombre y número. Esta forma de publicidad mejora su reputación como profesional. Asista a ferias espirituales, tome un stand con curanderos de Reiki y ofrezca sesiones de muestra.

- **Sitio web:** Desarrolle un sitio web con los contactos que ya tiene y comience un boletín por correo electrónico para atraer más pacientes y recordar a los que ya tiene en su práctica.

• **Voluntariado:** Ofrezca sus servicios a una tarifa reducida en hospitales, centros de tratamiento de drogas o alcohol, o con un trabajador social o terapeuta. Hacerlo promueve su trabajo y le brinda experiencia en el trabajo.

• **Redes Sociales:** ¡El marketing en redes sociales es un trabajo real! ¿Por qué? Porque es la única forma de llegar a todo el mundo con solo tocar un botón. Las redes sociales, como Reiki, son energía. Configure un perfil en línea para que su cuenta se convierta en una extensión de usted y de la energía que coloca. Aunque muchas personas seleccionan cuidadosamente sus perfiles de medios para proyectar una imagen en particular, usted puede ser genuino. Los grupos de Instagram, Facebook y Telegram son formas de contactar a otros.

• **Estrategia de Precios:** Dado que se ha decidido por la práctica privada, deberá determinar sus tarifas. ¿Quiere cobrar por paciente, hora o sesión? Mi mejor consejo es que descubras cuáles son las tarifas habituales en su zona. Puede establecer las mismas tarifas que su salón de masajes local, aunque Reiki tiene en ocasiones un precio un poco más bajo.

Aumente el costo a medida que adquiera más experiencia, obtenga más conocimientos, reputación y habilidades adicionales. Determinar sus tarifas puede ser un desafío, pero realice una asignación de costo-beneficio para asegurarse de que le paguen lo suficiente. De esta manera, tiene un poco de reserva para ahorrar y cubrir los gastos.

Muchos practicantes cobran poco de su tiempo y esfuerzo debido al miedo, la inseguridad y la falta de mentalidad de abundancia. No se quede corto cobrando por debajo de la media porque desea otorgar favores para incluir a todos. Algunos temen que la gente les pregunte si sus servicios valen la pena si cobra demasiado. El precio tiene dos niveles: físico y emocional. A nivel físico, le afirma a la gente lo que vale algo y le pone un precio. A nivel emocional, usted pone al descubierto su valor, lo vincula con los servicios que brinda y espera que la gente esté de acuerdo con ello.

Pedir una compensación monetaria por sus servicios envía un mensaje al cliente de que le ofrece valor por una tarifa: una especie de intercambio, energía monetaria por energía Reiki. Si cobra menos, perderá dinero para mantener su negocio y a usted mismo. Se volverá incapaz de perseguir sus metas. También implicaría que no valora el trabajo manual, el tiempo y la energía que pone para ofrecer los servicios que realiza.

Si cobra por lo que vale, por lo que sea justo y todo lo demás caerá en su lugar. Aferrarse a la falta de mentalidad no permitirá un flujo libre de pacientes que valoren sus servicios. Si está en el negocio solo con fines de lucro, tendrá dificultades para ganar experiencia o establecer una base de clientes. Asegúrese de que su práctica tenga fuertes intenciones espirituales respaldadas por la necesidad de garantizar el bienestar de su paciente. Si trata a pacientes fuera de su hogar u oficina, asegúrese de que sean personas de confianza. Además, manténgase al tanto de los impuestos que se acumulan como contratista independiente.

Manejo de la Competencia: Sentir miedo de otros practicantes de Reiki es una señal de que debe abordar su plan de negocios o aplicar Reiki a sí mismo para eliminar el miedo y la carencia. Reiki no es un campo de negocios de perros come perros. Existe suficiente para todos. En lugar de sentirse incómodo por otros negocios de Reiki en su área, comprenda que existe una mayor necesidad de sanación de lo que cree. Es mejor aceptar a otros practicantes con los brazos abiertos porque las intenciones que expresa regresan directamente a usted.

La fuerza de su intención y su mentalidad positiva determina la calidad de su práctica. Una vez que decida con claridad, determinación y compromiso crear una práctica próspera, el universo y los poderes superiores acudirán en su ayuda. La carencia y el miedo a la competencia son una ilusión que va en contra de todo lo que representa Reiki.

Esta ilusión puede repeler a futuros pacientes o conexiones. La energía de Reiki apoya la armonía y la cooperación. Comprende que todos somos iguales. Cada practicante tiene un lugar para ayudar y ofrecer tratamiento a los demás. Trate a los demás practicantes como aliados, no como enemigos. Atraerá a los pacientes adecuados para ti.

Solicite Retroalimentación: Como diría Ken Blanchard, "La retroalimentación es el desayuno de los campeones". La comunicación clara es una marca registrada de profesionalismo. Mantenga la retórica al mínimo, no asuma que sabe lo que es mejor para su paciente y no brinde consejos no solicitados. Documentar las sesiones de los pacientes y pedir retroalimentación contribuye en gran medida a mejorar su práctica.

Solicite a sus clientes que les cuenten a sus amigos o colegas su experiencia bajo su cuidado. También puede pedirles que escriban un testimonio para usted. Tener una cartera sustancial de excelentes críticas le servirá mejor que la publicidad costosa. Conserve notas detalladas de la sesión, formularios de consentimiento e información relacionada con el paciente. Esto resulta útil para realizar un seguimiento del progreso de su paciente en casos de una demanda por responsabilidad y establecer un estándar profesional para su práctica.

Trate a su paciente con el mayor respeto e integridad y respete su privacidad. Permítales que confíen en usted, pero establezca límites de tiempo para ello. Por favor, recuérdeles que no puede cruzar ciertos límites porque otros profesionales están más capacitados para ayudarlos a lidiar con problemas de salud o personales.

Reconozca cuándo derivarlos y practique continuamente el cuidado personal, para no agotarse. Tenga cuidado de no recetar remedios, realizar tratamientos o sugerir medicamentos. Usted no es un profesional médico y la sanación no está relacionada con el campo de la medicina convencional o la psicología.

Conclusión

Gracias por elegir este libro para informarse sobre los principios avanzados de Reiki. Espero que haya aprendido lo necesario sobre Reiki avanzado y todas las posibilidades en esta forma de sanación energética esperando sean de utilidad.

He tratado las diferentes formas de Reiki, sus símbolos y sintonizaciones, y las he comparado con las complejidades del Usui Reiki tradicional. La curación comienza en la mente, sin importar el camino que elija. La energía de Reiki es abundante, y no importa qué dirección elija o se sienta atraído, Reiki funcionará para usted porque todo proviene de la misma fuente de energía divina.

Mucha gente aprende Reiki por diferentes razones. Si su motivación es comenzar una práctica propia, entonces hay sugerencias que me encantaría que considerara. Se enumeran en el último capítulo. Nunca olvide que Reiki es un viaje de sanación y armonía. Cuando canaliza Reiki a otros, es simplemente un conducto, un facilitador que los ayuda en su viaje hacia una sensación de bienestar.

Si recién está comenzando y no tiene ninguna de las sensaciones que "se supone" que debe tener, comprenda que no son necesarias y que el hecho de que aún no tenga esos sentimientos no significa que su práctica no sea válida. Recuerde que todo se reduce a su instinto e intuición, más que a cualquier otra cosa. Además, al aceptar que estos principios producirán resultados, es más que suficiente para obtener el resultado deseado. Reiki funciona, solo si lo trabaja. Eso significa práctica constante.

Piense en ello como cuando era un niño pequeño y dominaba la escritura a mano. Su letra mayúscula A probablemente se parecía menos a una A y más a un pterodáctilo deformado comiendo un paquete de Cheetos en llamas. Eso no significaba que lo que escribía no fuera una A, ni tampoco significaba que eventualmente no podría escribirlo sin problemas y sin pensarlo con suficiente práctica. Entonces, haga lo que haga, no se rinda. Concéntrese menos en los resultados y más en el proceso, y no se sentirá decepcionado.

Utilice todos los consejos mencionados en este libro para volver a conectarse con su propósito. No puede leerlo una vez y asumir que sabe todo lo que necesita saber. Revíselo una y otra vez, resalte las partes que se destacan para usted y siga siendo un estudiante en el resto de su viaje de Reiki. Nunca deje de aprender. Es así como usted mejora, crece y mejora en su práctica.

Los maestros que existieron antes de usted han dejado su huella en la tierra para que los siga. Los preceptos y prácticas de Reiki le ayudarán cuando esté demasiado oscuro para que pueda verlo. Esta es la única manera de encontrar su camino escondido en las sombras: un viaje hacia el recuerdo de su yo más auténtico y elevado.

Vea más libros escritos por Mari Silva

MARI SILVA

PERSONA ALTAMENTE SENSIBLE

El Poder Oculto de una Persona que Siente las Cosas con Mayor Profundidad y lo que una PAS Puede Hacer para Prosperar

Referencias

Curso Intensivo de Cristales: Una Guía para Principiantes sobre la Sanación con Cristales (n.d.). Www.Energymuse.com. https://www.energymuse.com/blog/beginners-guide-to-healing-crystals

Cómo incorporar cristales en tu práctica de reiki ˜ kim shipman. (2018, marzo 14). Yoga Home. https://ouryogahome.com/crystals-reiki/

Esencia Interior - Historia y Tipos de Reiki. (n.d.). Www.Inneressence.Co.Za. Obtenido de

http://www.inneressence.co.za/index.php/reiki/history-types-of-reiki

Kundalini Reiki. (n.d.). Healing Light Energy. Retrieved from https://www.healinglightenergy.ie/kundalini-reiki/

Life, C. (2012, marzo 5). *Reiki y el Uso de Cristales.* Crystal Life. https://www.crystal-life.com/reiki-use-crystals/

Reiki. (2019). Reiki.org. https://www.reiki.org/

Entrenamiento de Reiki Nivel 2: Qué esperar y cómo prepararse (2015, septiembre 13). Chakra Meditation Info. https://www.chakrameditationinfo.com/reiki/reiki-healing/reiki-level-2-guide-to-reiki-practice/

Símbolos de Reiki: Qué Son y Cómo se Utilizan (2019, enero 24). Karen Harrison.

https://www.karenharrison.net/reiki-symbols-what-they-are-how-they-are-used/

ReikiScoop – Crecer A Través de Reiki | Directamente, información guiada. (n.d.). ReikiScoop. Obtenido de

https://reikiscoop.com/

stason.org, S. B. stas (at). (n.d.). *Determine Su Verdadero Motivo Antes de Avanzar al Nivel 2 de Reiki.* Stason.org. Obtenido de
https://stason.org/articles/wellbeing/reiki/Determine-Your-True-Motive-Before-Advancing-to-Reiki-Level-2.html

Los Diez Pros y Contras de Comenzar Su Propia Práctica de Reiki (n.d.). The John Harvey Gray Center for Reiki Healing. Obtenido de
https://www.learnreiki.org/reiki-articles/starting-your-reiki-practice/

Los Tres Pilares de Reiki. (2014, agosto 26). Nature's Pathways.
https://naturespathways.com/south-central-wisconsin-edition/september-2014-south-central-wisconsin-edition/the-three-pillars-of-reiki/

Tipos de Reiki. (n.d.). Medindia. Obtenido de
https://www.medindia.net/alternativemedicine/reiki/reiki7.htm

Qué es Reiki Angelical | Seminarios. (n.d.). Www.Angelshouse.Eu. Obtenido de
https://www.angelshouse.eu/en/Seminars/What-is-Angelic-Reiki

www.ingramcontent.com/pod-product-compliance
Lightning Source LLC
Chambersburg PA
CBHW071858090426
42811CB00004B/662